3 Versailles Petite École

Part 1 Introduction
Partie 1 Introduction

I asked MOS to imagine a small school of architecture for children, within the Cour des Fontaines of the École Nationale Supérieure d'Architecture de Versailles. They designed an open room, a *mécano* of 688 aluminum parts that floats within the courtyard of the royal stables of the Château de Versailles, a group of buildings by Jules Hardouin-Mansart built between 1679 and 1682. This shelter illustrates an elementary architecture; through the play of light it reveals different scales of spaces, through its construction it creates a conversation between classical and contemporary architecture. After the biennale, the small structure will continue housing an educational program to raise children's awareness of space, architecture, and the city. This book of drawings, photographs, and design exercises from various contemporary architects inaugurates the Petite École.

J'ai demandé à MOS de concevoir une petite école d'architecture pour enfants au sein de la cour des Fontaines de l'École nationale supérieure d'architecture de Versailles. Ils ont produit, en réponse, une pièce à ciel ouvert. Un mécano de 688 pièces en aluminium qui flotte dans la cour des écuries royales du château de Versailles, ensemble de bâtiments construit par Jules Hardouin-Mansart entre 1679 et 1682. Cet abri est à l'image d'une architecture élémentaire; les jeux de lumière révèlent différentes échelles d'espaces, la construction en elle-même fait dialoguer l'architecture classique avec l'architecture contemporaine. Après la biennale, la petite structure continuera à abriter un programme éducatif dont le but est de sensibiliser les enfants à l'espace, à l'architecture et à la ville. Ce livre de dessins, de photographies et d'exercices de design proposés par divers architectes contemporains, inaugure la Petite école.

Shelter, house, village, city, spatial planning and even the space between things, everything is architecture! From childhood, architecture sub-merges us, it participates in every moment to create the environments in which we grow. Even though childhood is that privileged moment when all the senses are deeply and widely connected to the environment, few places are truly intended for the educational and creative encounter between architecture and children. How to imagine and bring out such a place to make people understand and feel architecture and learn how to design?

The Petite École d'Architecture of Versailles is a response and a commitment to offer this open place for creative, innovative, fictional, and operational pedagogy entirely geared toward children.

The Petite École is located in the middle of the Petites Écuries part of the Château de Versailles. Here, monumental architecture from the 17th century and emerging architecture from the 21st century are interwoven. At the heart of this heritage, MOS has designed a child-friendly and

L'abri, la maison, le village, la ville, l'aménagement des territoires et même l'espace entre les choses : tout est architecture ! Depuis l'enfance elle nous submerge, elle participe à chaque instant à créer les milieux dans lesquels nous grandissons. Alors que l'enfance est ce moment privilégié où tous les sens disposent à une relation bouleversante de curiosité avec l'environnement, il existe peu de lieux véritablement destinés à une rencontre pédagogique et créative entre l'architecture et les enfants. Comment imaginer et faire émerger un tel lieu, destiné à faire comprendre, à ressentir l'architecture et à apprendre à concevoir ?

La Petite école d'architecture de Versailles est à la fois une réponse et un engagement : consacrer ce lieu ouvert à une pédagogie créative, innovante, fictionnelle et opérationnelle, entièrement tournée vers les enfants.

La Petite école se situe au centre des Petites Écuries du Château de Versailles. Lieu important du patrimoine, où s'entremêlent l'architecture monumentale du XVIIe siècle et l'architecture

flexible place for all school activities. It takes the form of a large table placed under the roof of a small aluminum temple. The project makes its prefabrication a constructive narrative readable by all; it thus constitutes, from the start, an educational manifesto.

From now on, in the very middle of the ENSAV campus and beside all its actors, students and teachers, children are invited to meet architecture, to marvel at its inventions, to be moved by its spaces and then to discover the pleasure to conceive, to flourish by making, to grow by drawing, and by building.

I would like to thank Djamel Klouche who had this luminous intuition to invite MOS and salute the strength and beauty of their project. Therefore, more than ever, teeming with child vivacity, the ENSAV will offer an exciting place to initiate an optimistic and happy relationship with architecture.

émergente du XXIe siècle. C'est en son cœur que MOS a conçu ce lieu adapté aux enfants et à toutes les activités de l'école. Composé d'un petit temple en aluminium, en dessous duquel est placée une grande table, le projet s'empare des éléments préfabriqués qui le constituent, et en font un récit accessible à tous : un véritable manifeste pédagogique.

Les enfants sont invités, au cœur de l'ENSAV, à partir à la rencontre de l'architecture, entourés de ses acteurs, d'étudiants et enseignants. Ils sont encouragés à s'émerveiller de l'inventivité de l'architecture, à s'émouvoir de ses espaces, et en définitive, à découvrir le plaisir de concevoir, à s'épanouir par la création ainsi qu'à grandir en dessinant et en construisant.

Je tiens à remercier Djamel Klouche qui a eu l'intuition lumineuse d'inviter MOS, et à saluer la force et beauté de leur projet. Plus que jamais, fourmillant de l'effervescence des enfants, l'ENSAV offrira un espace privilégié à l'amitié, optimiste et heureuse, avec l'architecture.

 Jean-Christophe Quinton

The Petite École is a one-room, open-air design school for young children. It is a place for looking and making, and for making and looking. It is 688 aluminum pieces modeled, flattened, cut, folded, prefabricated, shipped, and then assembled onsite by a few people in a few days. It is made to be reassembled. It could be constructed anywhere and elsewhere. We imagine different contexts. It looks low-tech. We made large paper models by hand. It looks high-tech. We made parametric fabrication files. We photographed. We sketched. We looked at various angles. We adjusted the elements. We lowered the eaves. We tried other proportions. These look good for the moment. It looks industrial. It looks familiar. It looks strange. It looks abstract. It is made of building elements: a long, low roof with columns and stacked beams holding it up. It is made of folded aluminum. It has a sign made of folded aluminum. It has furniture made of folded aluminum. It is meant to be looked at. It is meant to be inhabited. It is meant for others' enjoyment. It is a stage. It makes other stages. We look. It looks. We make. It makes.

La Petite école est une école de design pour enfants, constituée d'une seule pièce à ciel ouvert. C'est un lieu où l'on observe avant de créer et où l'on crée avant d'observer. C'est 688 pièces d'aluminium modélisées, aplaties, coupées, pliées, préfabriquées, expédiées puis assemblées rapidement sur place. Elle est faite pour être ré-assemblée. Elle pourrait être construite n'importe où. On l'imagine dans différents contextes. Elle semble low-tech. On a fait des maquettes en papier. Elle semble high-tech. On a créé des fichiers paramétriques. On a photographié. On a dessiné. On a regardé sous tous les angles. On a ajusté. On a abaissé le toit. On a essayé d'autres proportions. Pour l'instant, celles-ci ont l'air bien. Ça a l'air industriel. Ça a l'air familier. Ça a l'air abstrait. La Petite école est composée d'éléments: un long toit, des colonnes et des poutres empilées qui la soutiennent. Elle est faite en aluminium. Elle a une enseigne en aluminium. Elle a des meubles en aluminium. Elle doit être observée. Elle doit être occupée. Elle existe pour le plaisir des autres. C'est une scène. Qui crée d'autres scènes.
On regarde. Elle nous regarde. On crée. Elle crée.

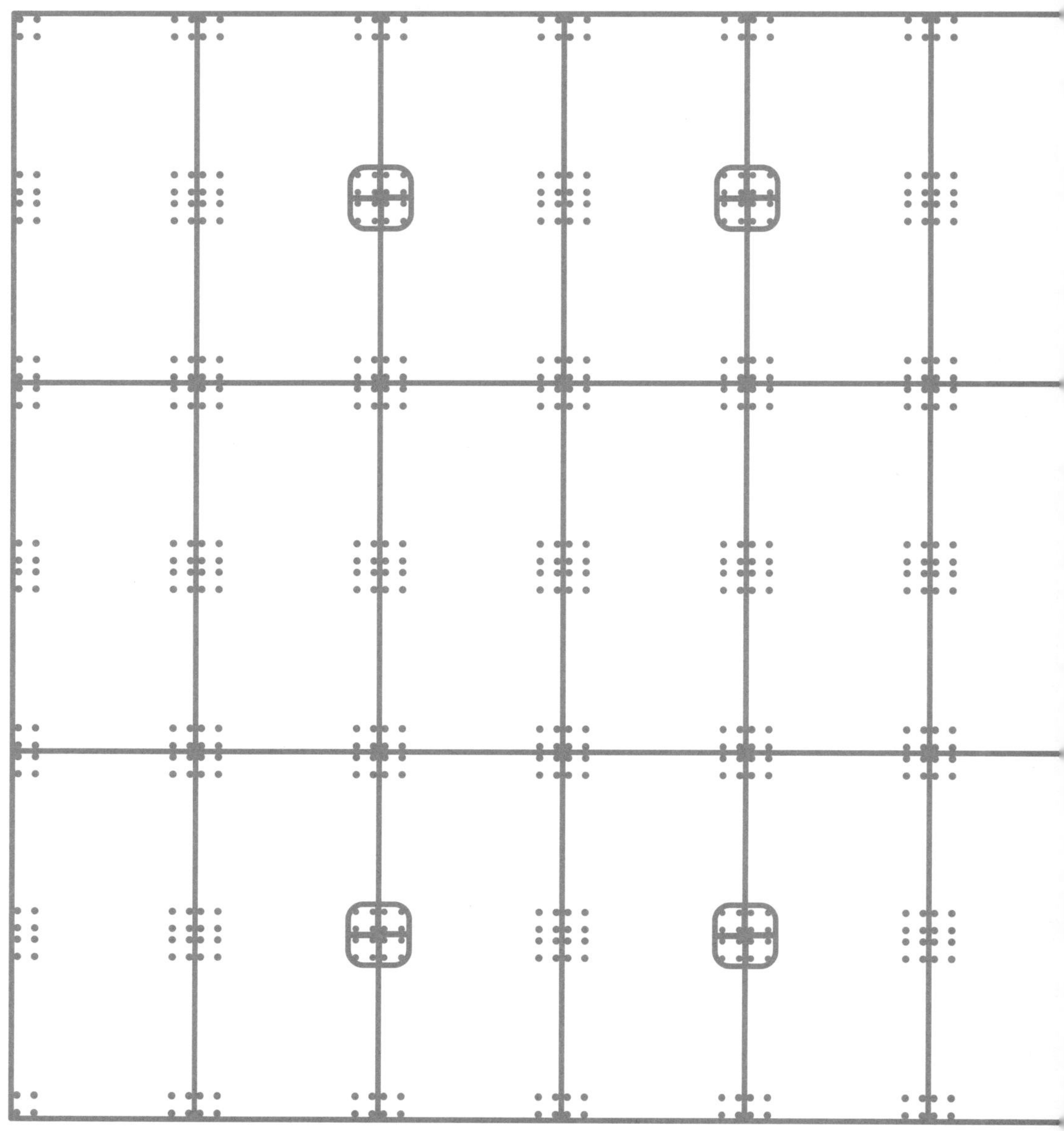

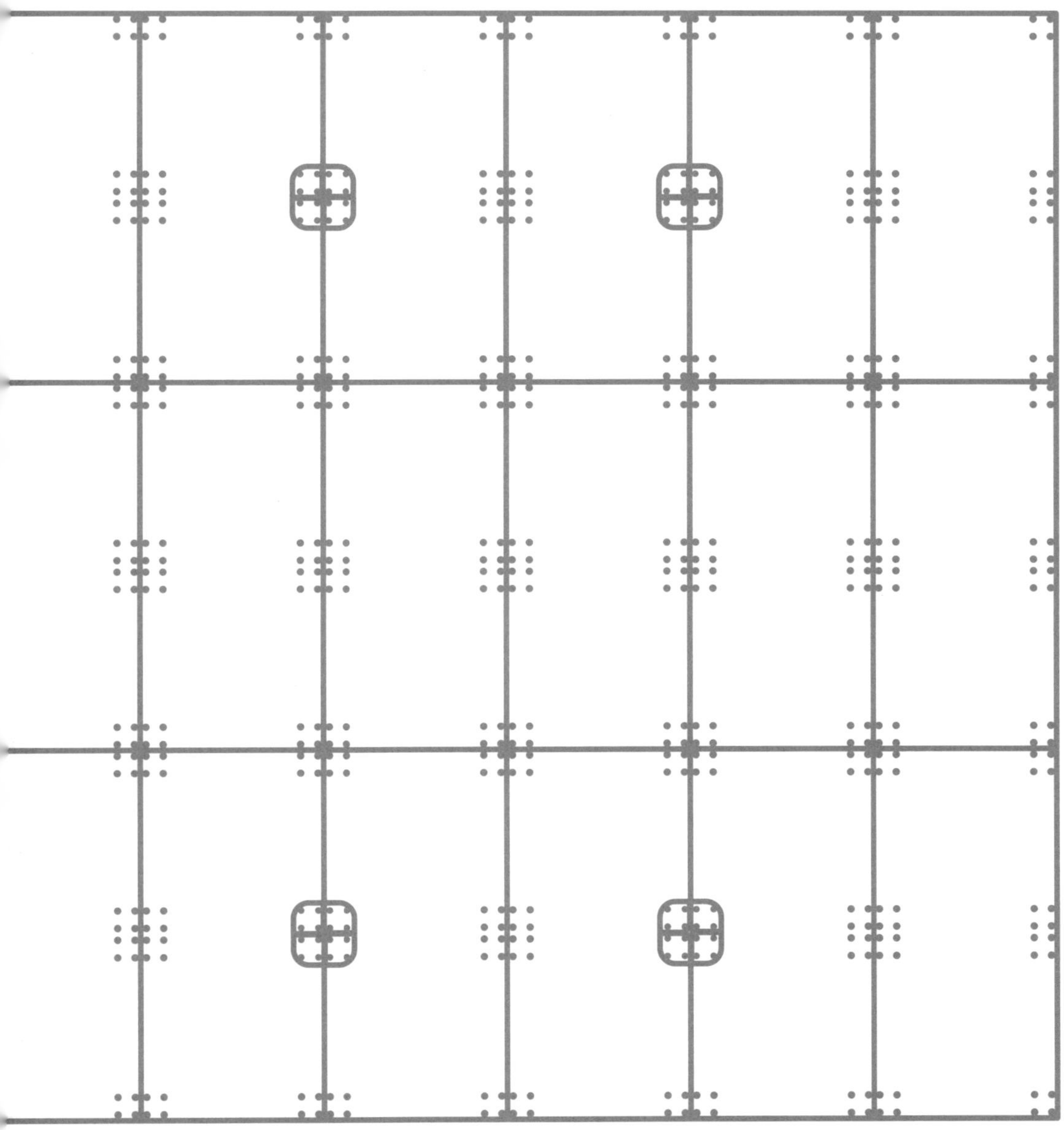

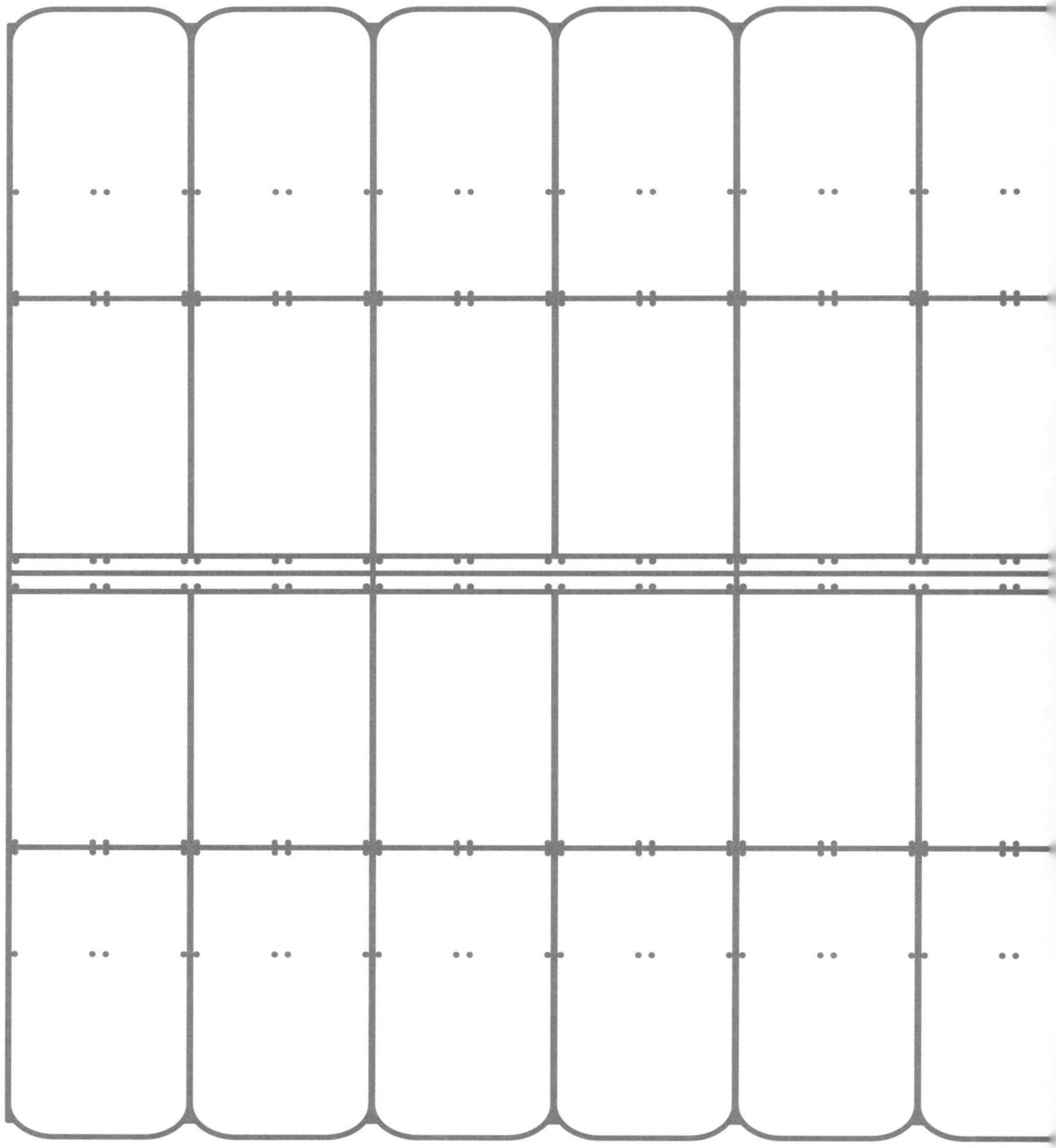

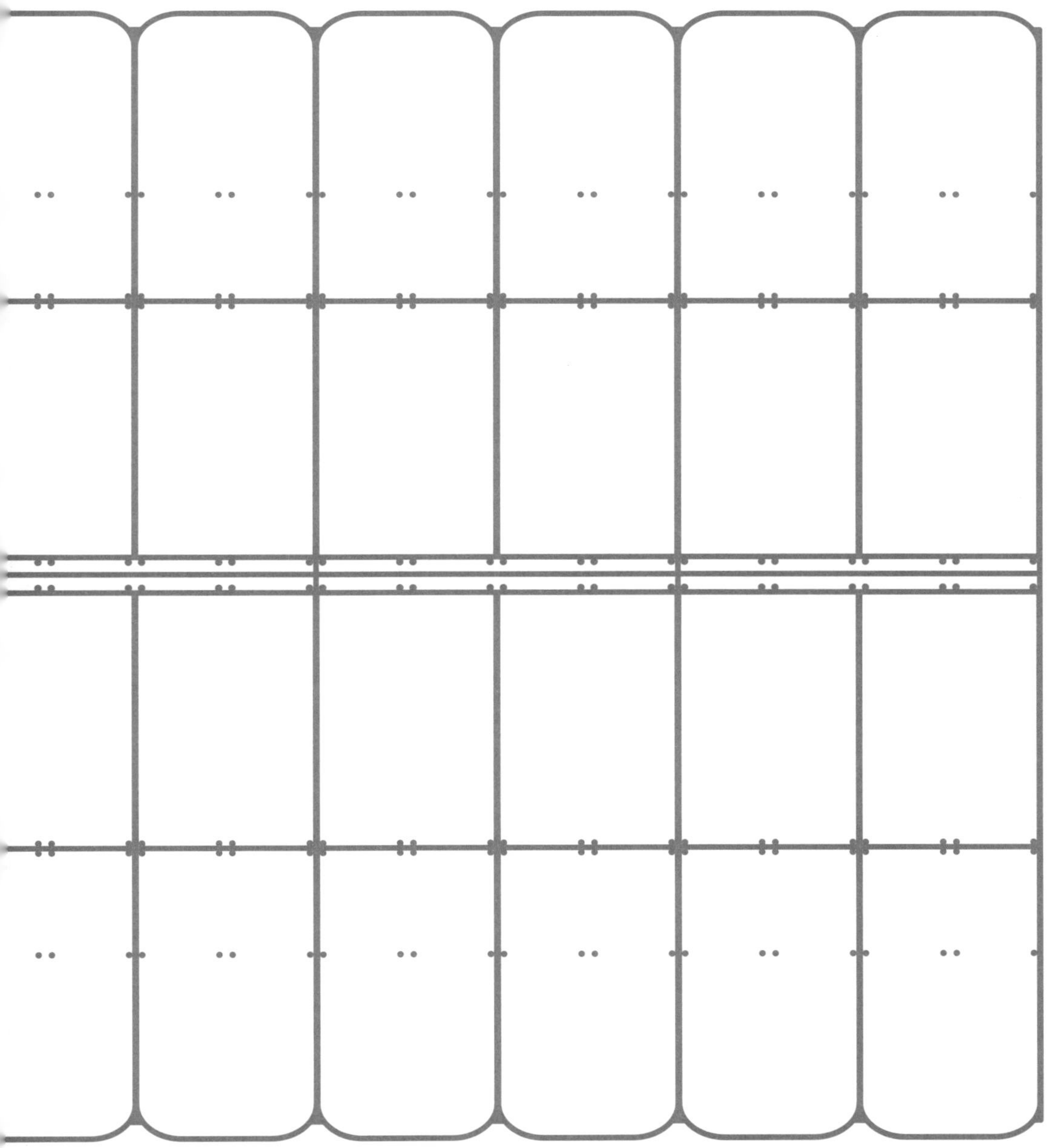

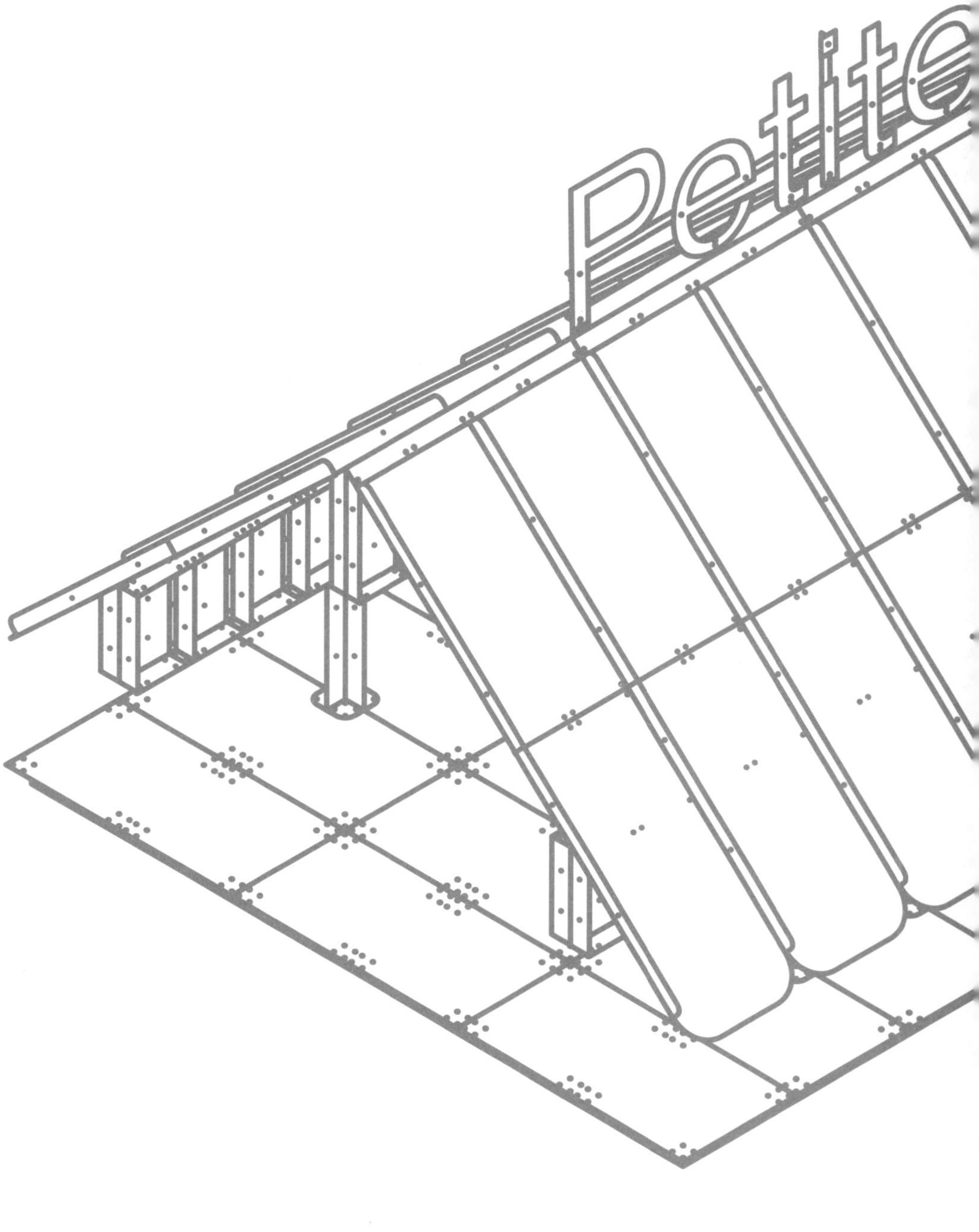
Petite

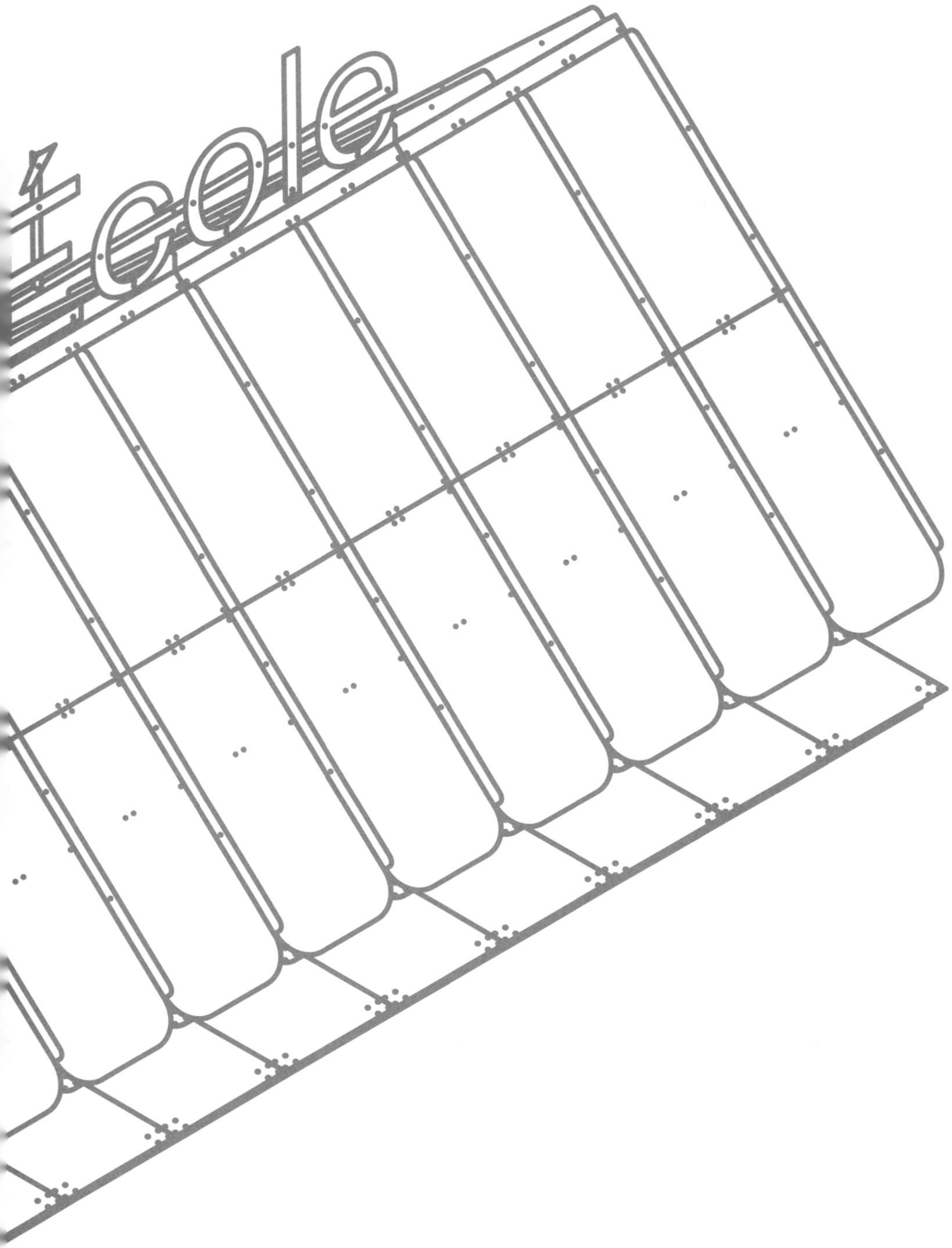
École

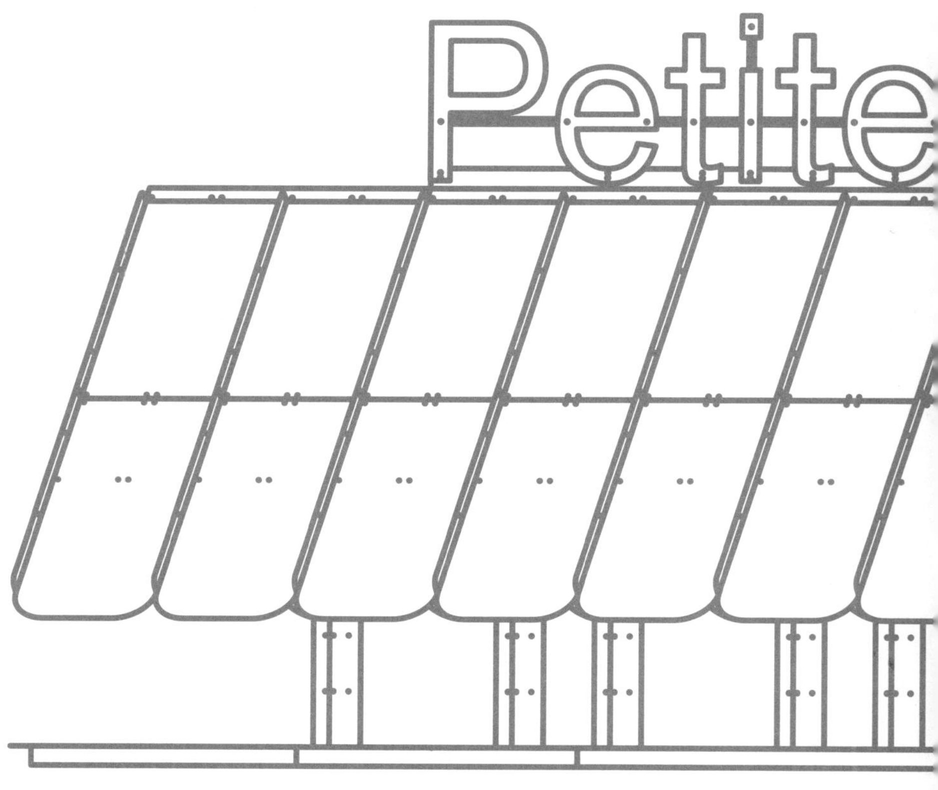
Petite

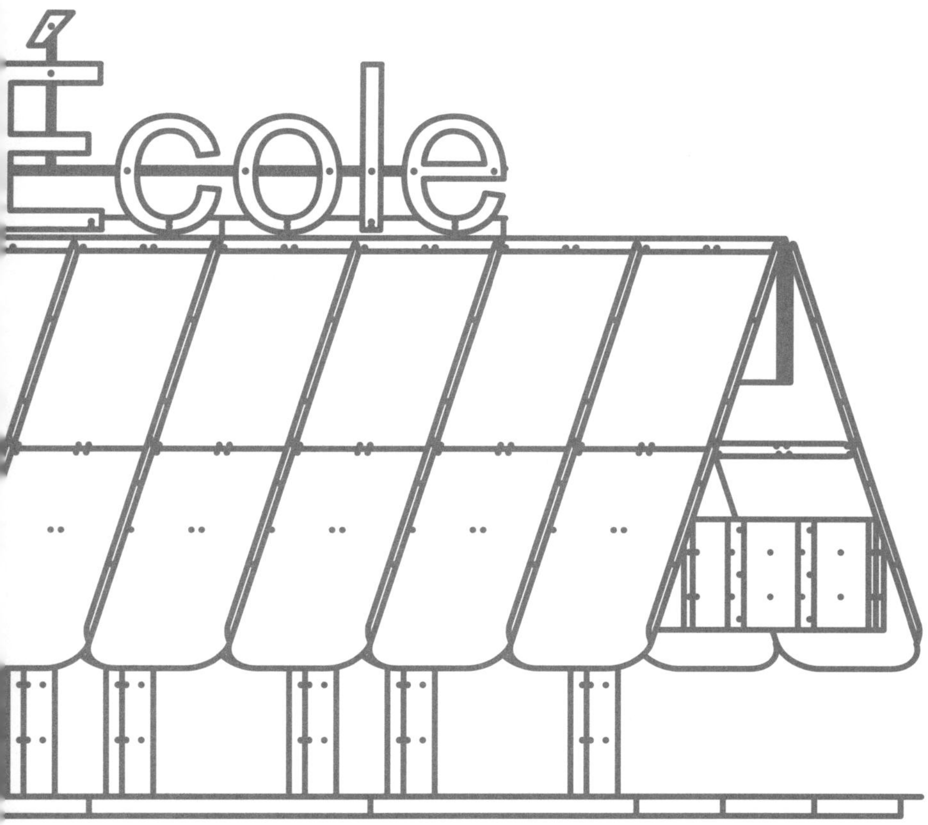
École

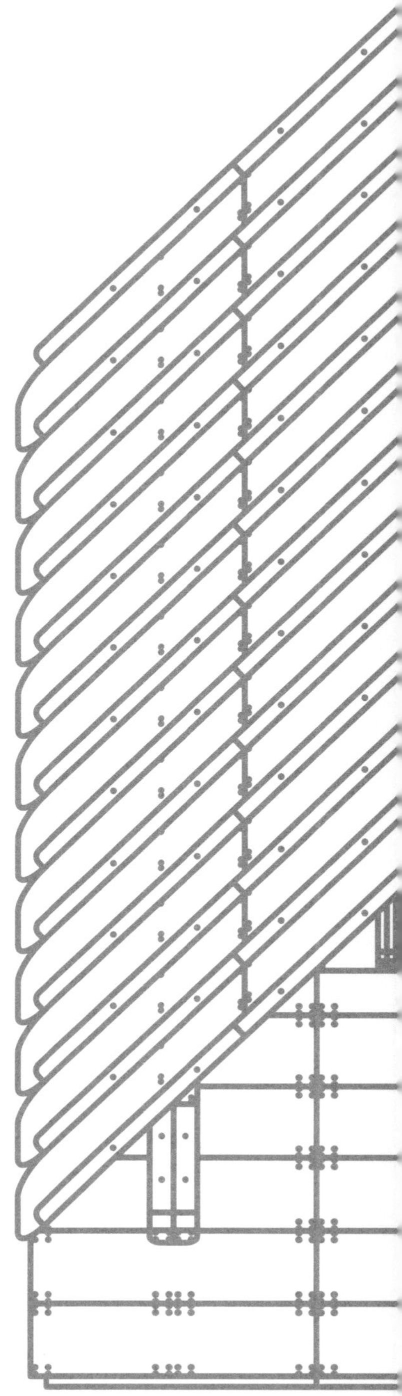

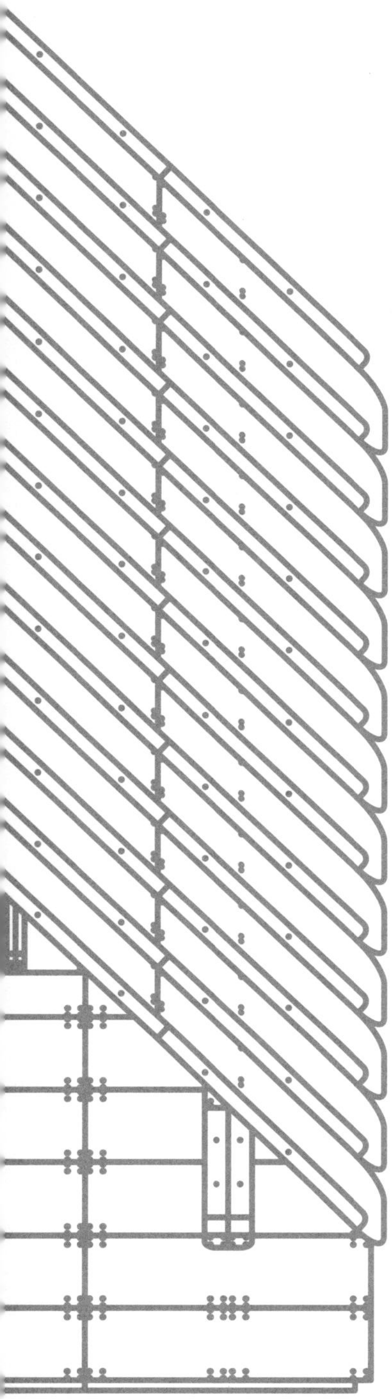

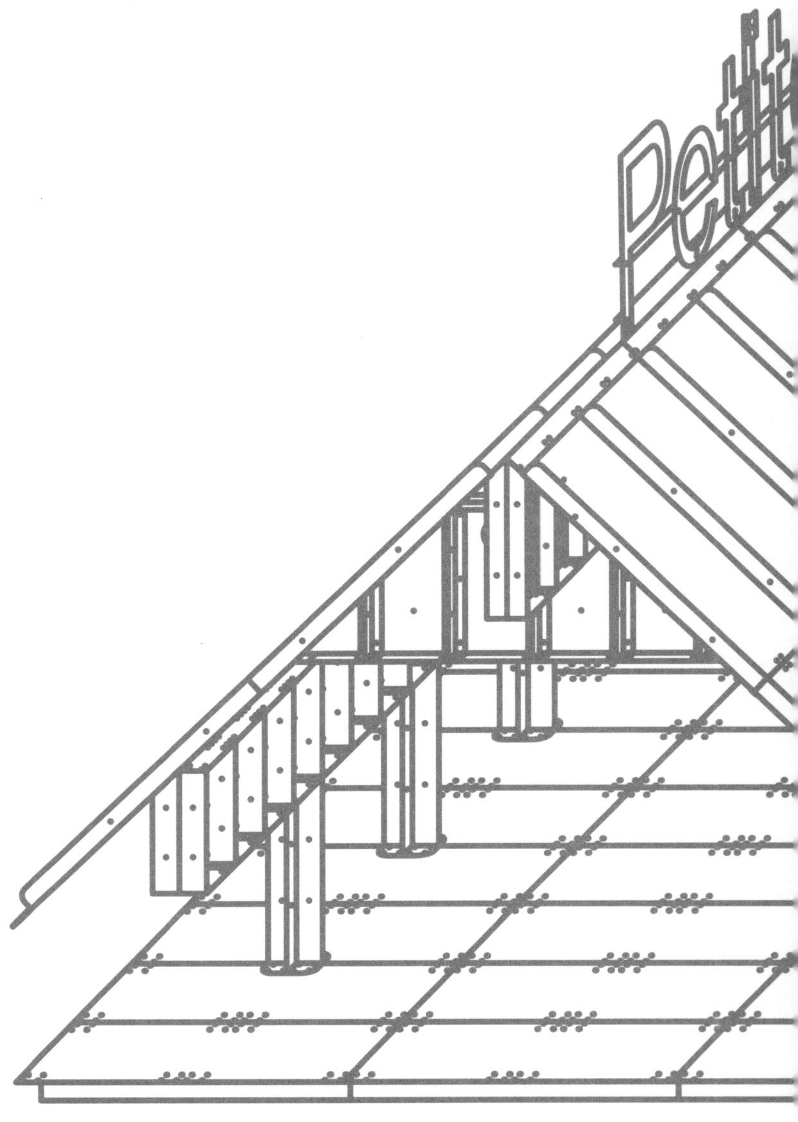

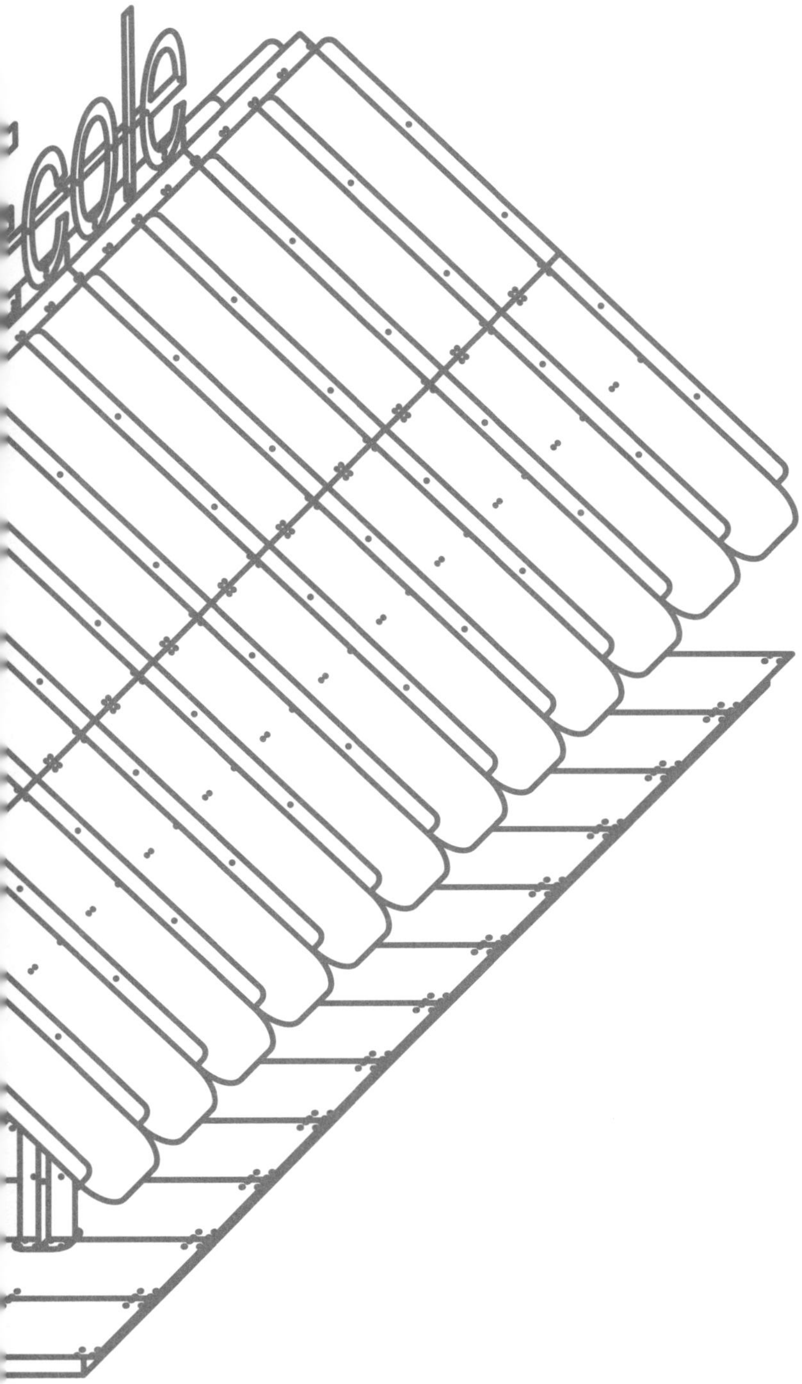
École

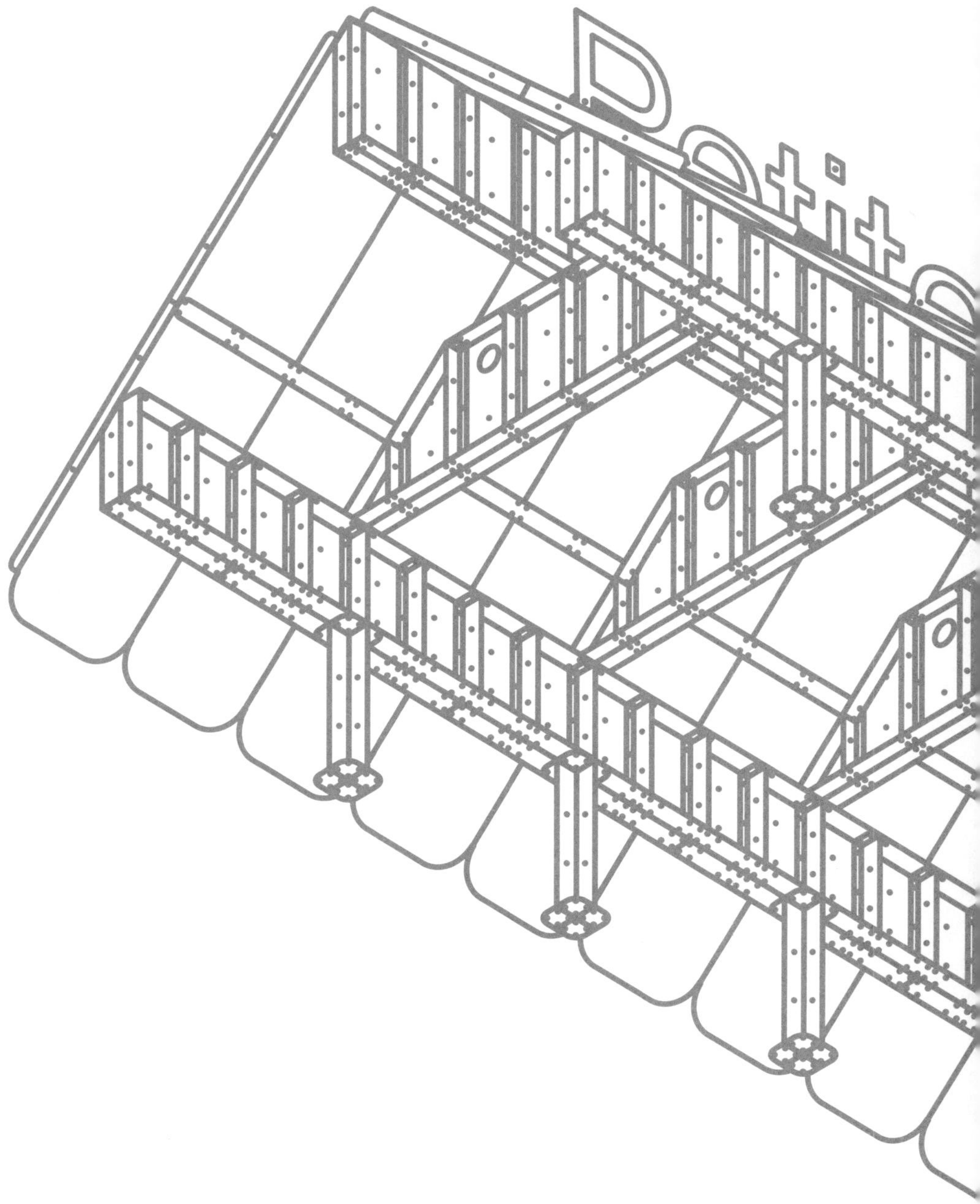

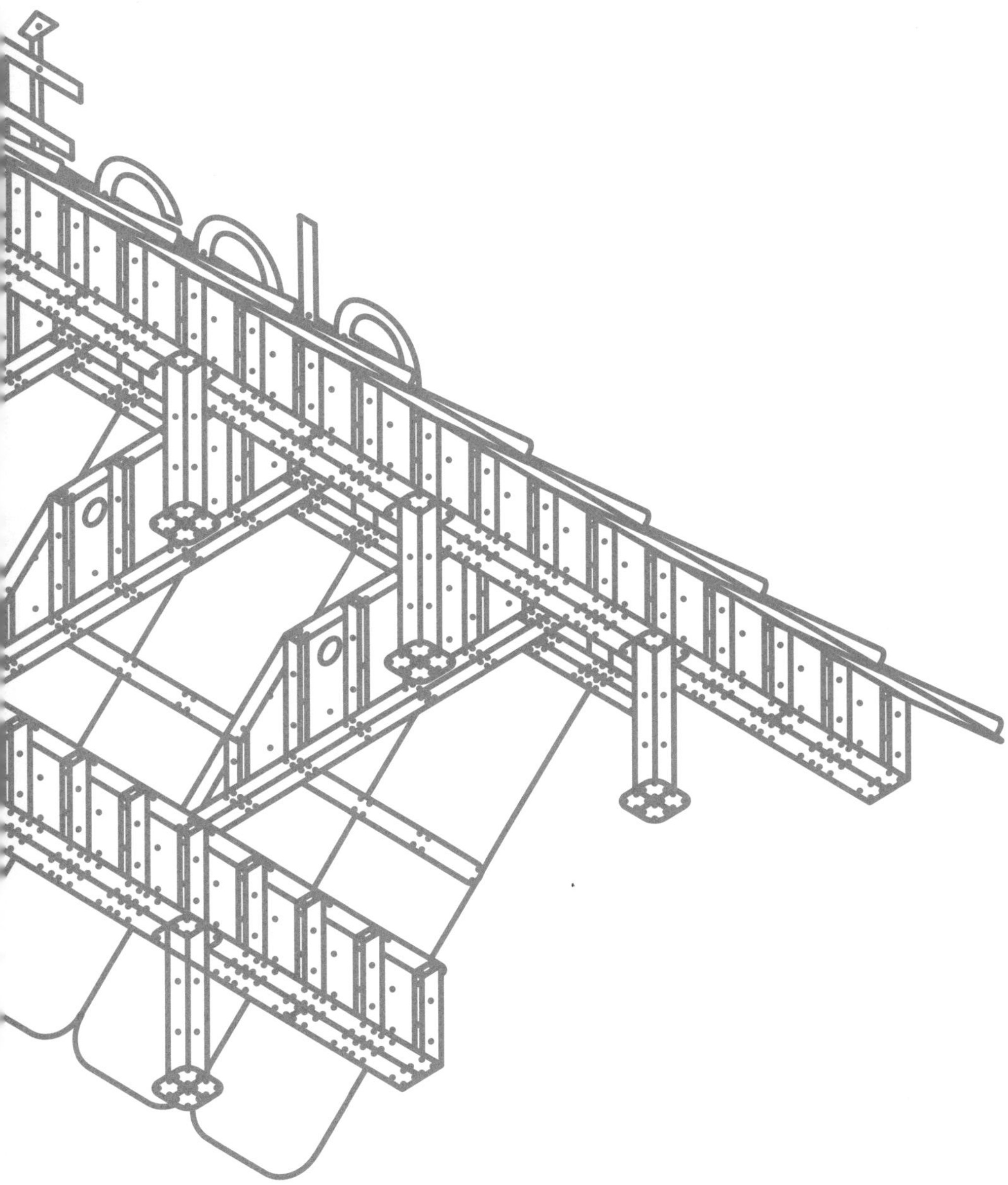

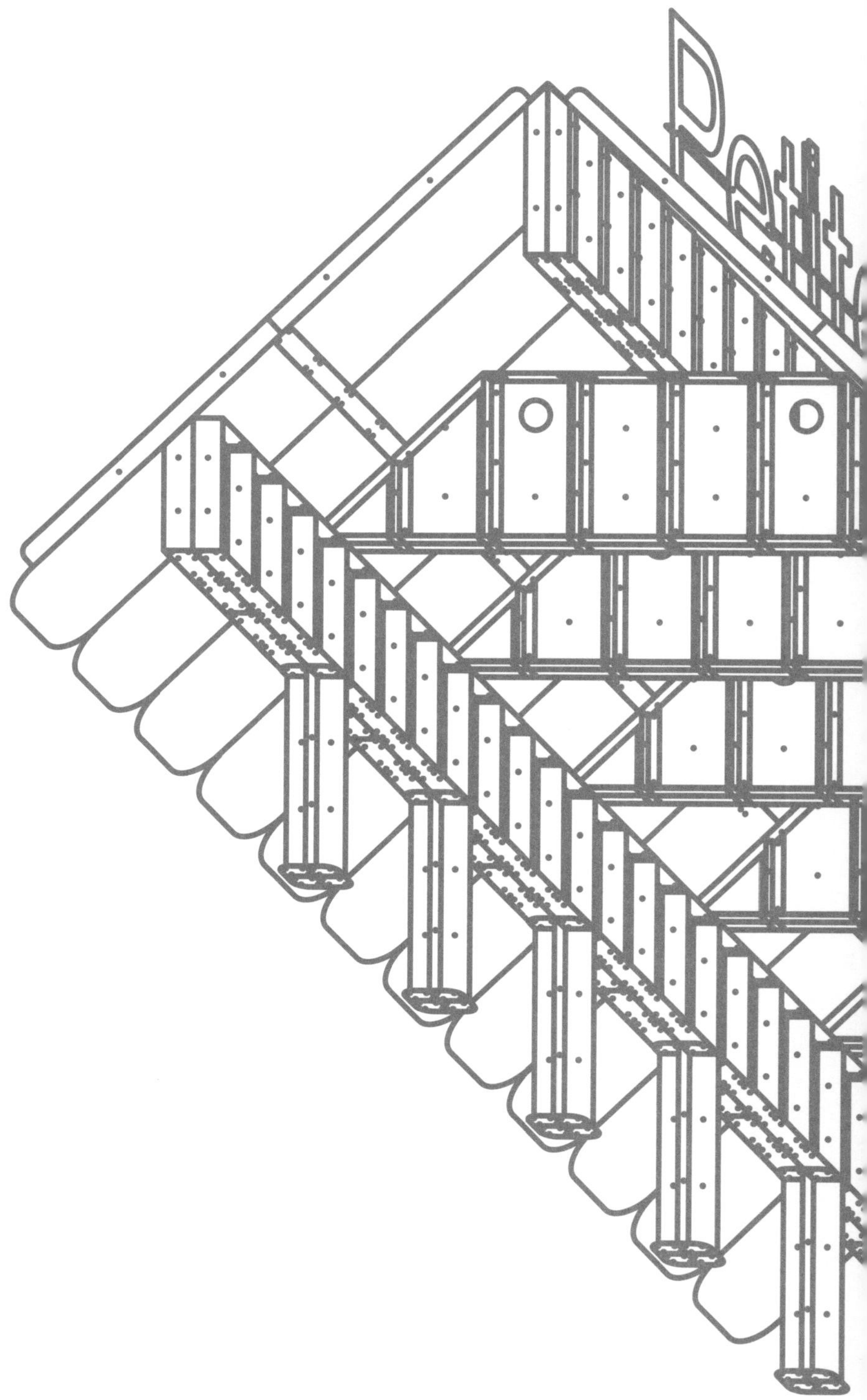

Versailles Petite École

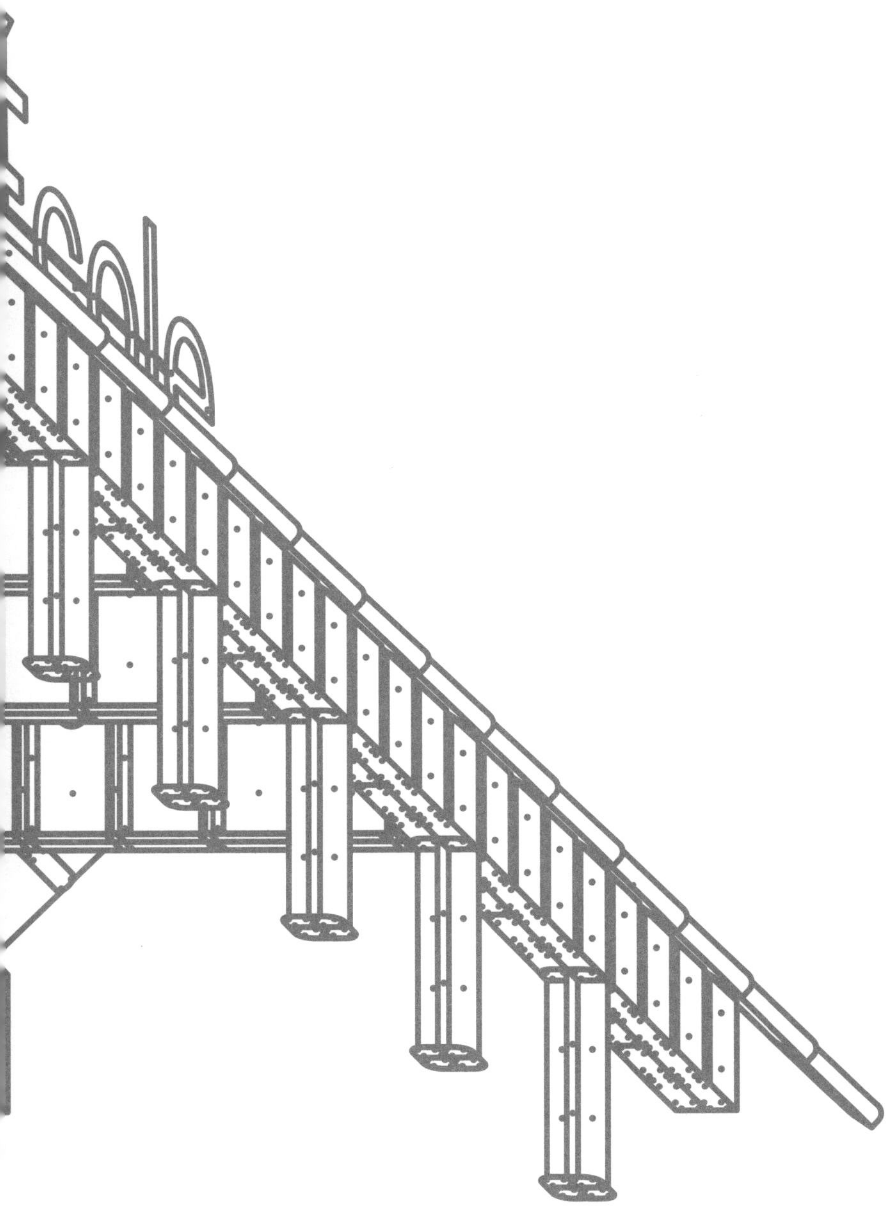

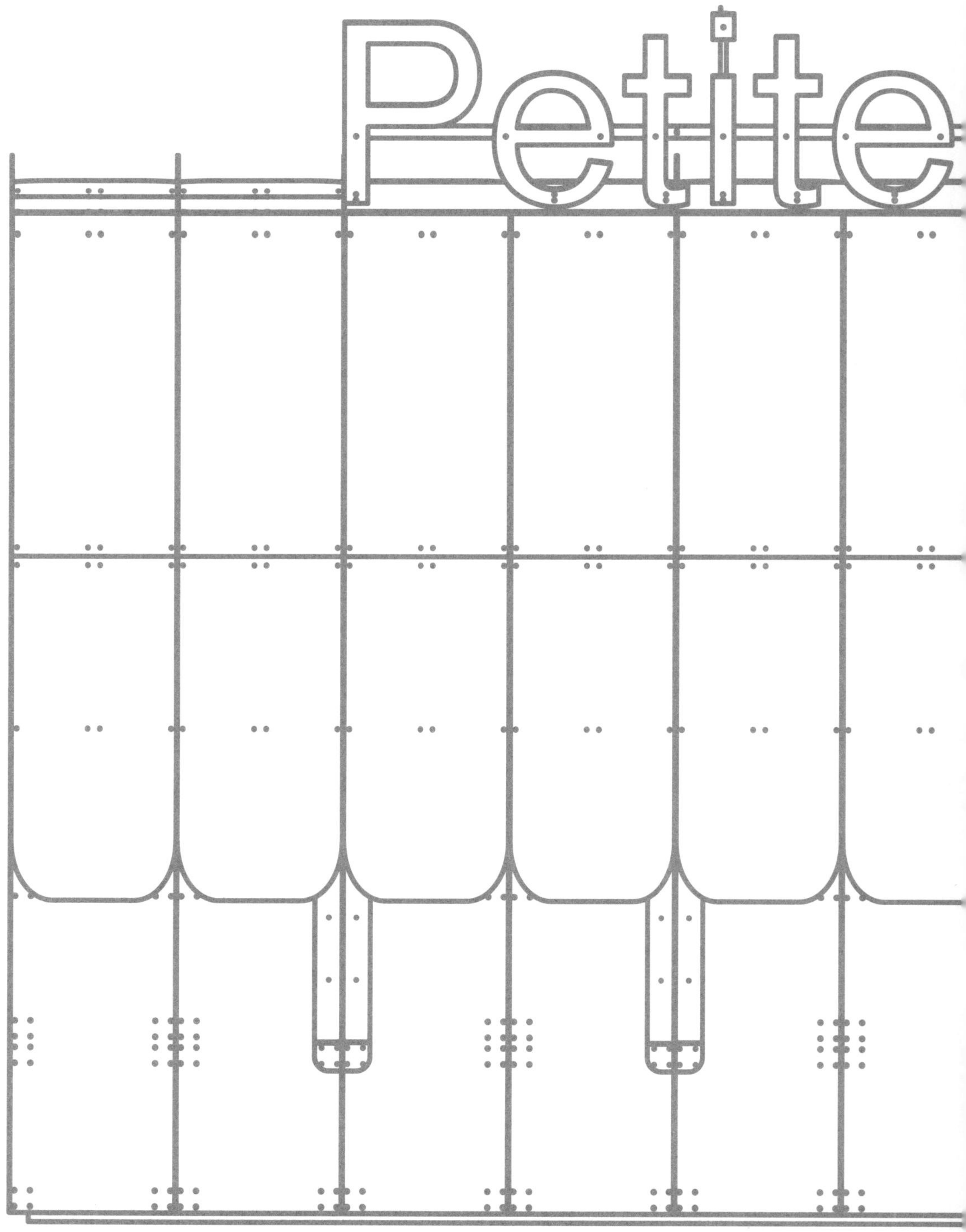
Petite

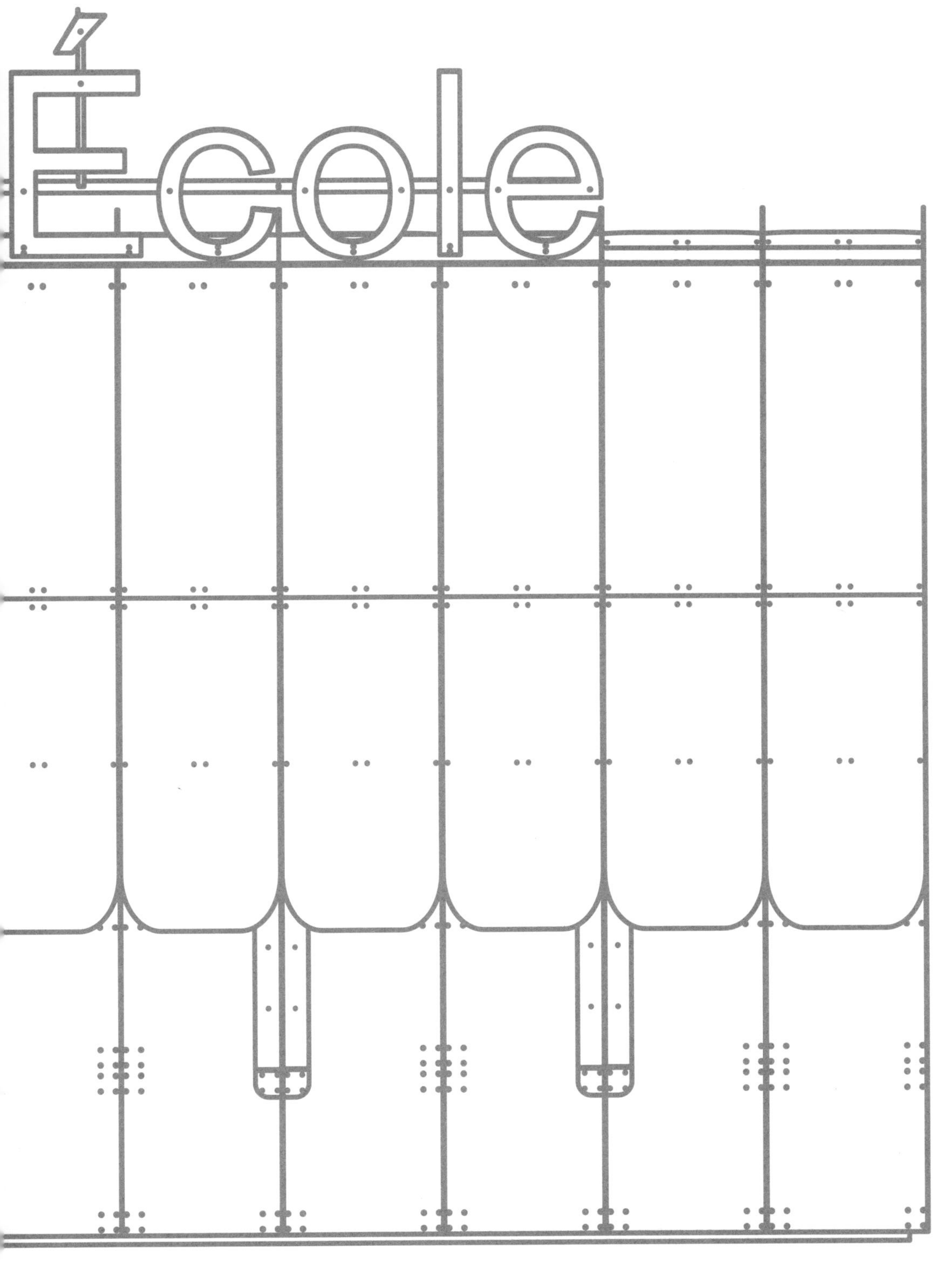
École

Imprint
Empreinte

A Book on Making a Petite École

Published by
Actar Publishers, New York, Barcelona
www.actar.com

Distribution
Actar D, Inc. New York, Barcelona.

New York
440 Park Avenue South, 17th Floor
New York, NY 10016, USA
T +1 212 966 2207
salesnewyork@actar-d.com

Barcelona
Roca i Batlle 2
08023 Barcelona, Spain
T +34 933 282 183
eurosales@actar-d.com

First edition published by MOS for the exhibition "Augures, laboratoire des nouvelles pratiques architecturales" at the Biennale d'architecture et de paysage, Île-de-France, May 4–July 13, 2019.

Credits: Michael Meredith, Hilary Sample, Paul Ruppert, Lafina Eptaminitaki, Charles Dorrance-King, Julia Muntean, Victoria Abel, Ben Dooley, Michael Levy, Hermine Demaël, Andy Kim

Graphic Design: Studio Lin & MOS

Indexing
ISBN: 978-1-63840-067-7
LCCN: 2022945642

There are a number of individuals without whom this book would not have been possible.

We offer special thanks to: Djamel Klouche, for his generous invitation to "Augures"; l'AUC for their efforts coordinating such an endeavor; Jean-Christophe Quinton and ÉNSA-V, gracious hosts; Iwan Baan, for his beautiful photographs; Michael Vahrenwald, for the same; Monica Ponce de Leon, Dean, Princeton University School of Architecture, for her encouragement and support; Mathieu Molet, for his generous documenting of the construction process; Alex Lin, for his graphic expertise; and all those designers who contributed such unique and thoughtful design exercises.

Additional support provided by Princeton University School of Architecture and Columbia University GSAPP. This publication is made possible in part by the Barr Ferree Foundation Fund for Publications, Department of Art and Archaeology, Princeton University.

List	Part 2	Elements	
Liste	Partie 2	Éléments	
No. 1	Platform	4 Parts	54 Pieces
	Plateforme	4 Parties	54 Pièces
No. 2	Column	1 Part	36 Pieces
	Colonne	1 Partie	36 Pièces
No. 3	Beam	6 Parts	218 Pieces
	Poutre	6 Parties	218 Pièces
No. 4	Truss	12 Parts	165 Pieces
	Treillis	12 Parties	165 Pièces
No. 5	Ridge Beam	5 Parts	110 Pieces
	Poutre Faîtière	5 Parties	110 Pièces
No. 6	Roof	5 Parts	66 Pieces
	Toit	5 Parties	66 Pièces
No. 7	Sign	20 Parts	27 Pieces
	Enseigne	20 Parties	27 Pièces
No. 8	Ramp	5 Parts	12 Pieces
	Rampe	5 Parties	12 Pièces
No. 9	Table	2 Parts	12 Pieces
	Table	2 Parties	12 Pièces
No. 10	Stools	2 Parts	125 Pieces
	Tabourets	2 Parties	125 Pièces

Element No. 1 Platform

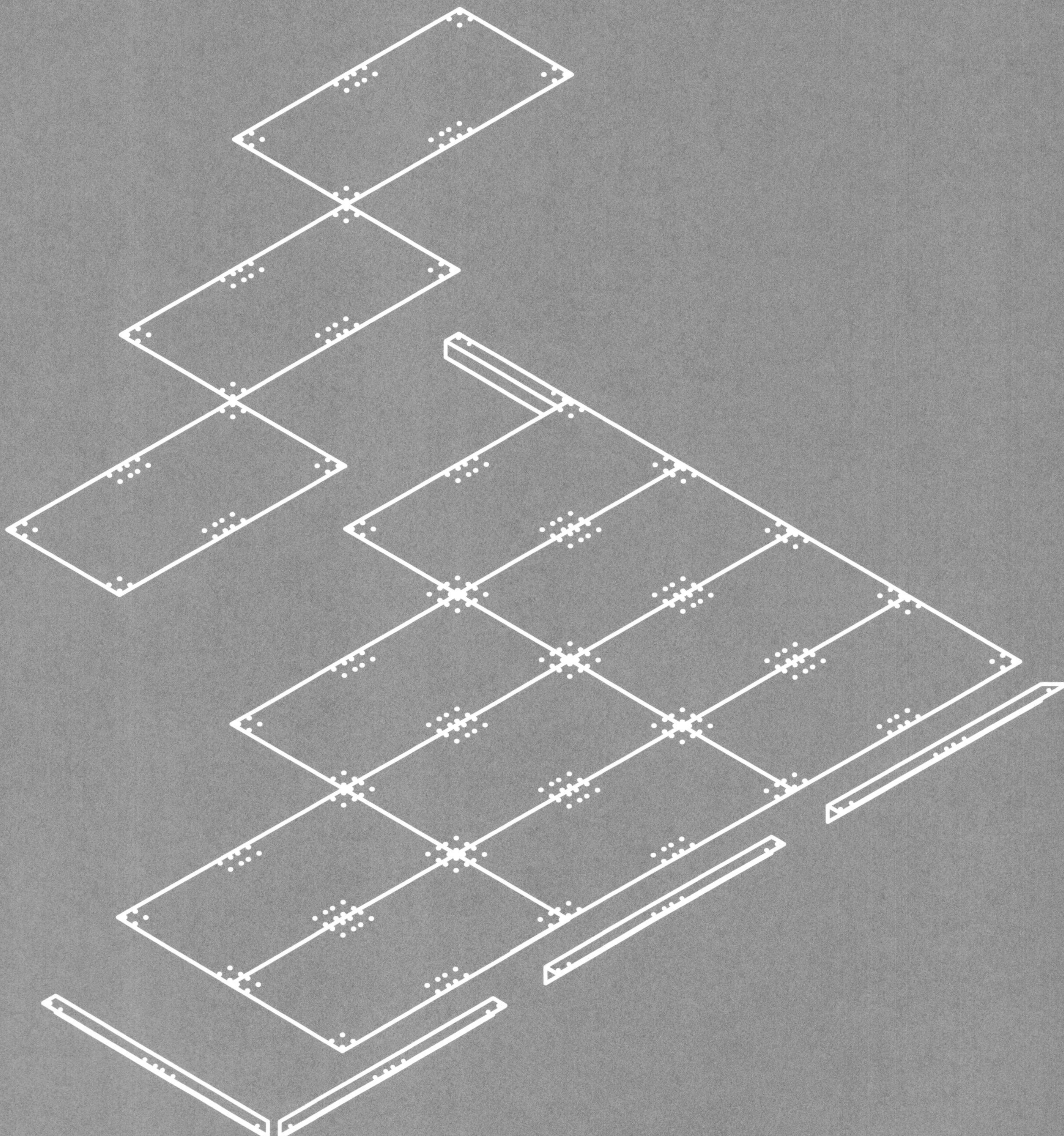

34 Versailles Petite École

Élément No. 1 Plateforme

35 Versailles Petite École

Element No. 2 Column

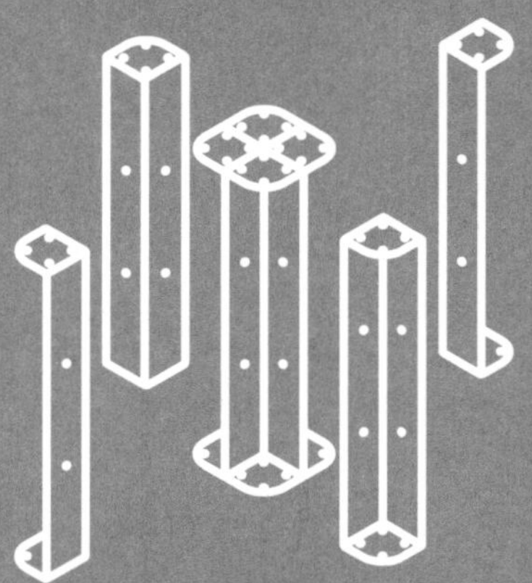

36 Versailles Petite École

Élément No. 2 Colonne

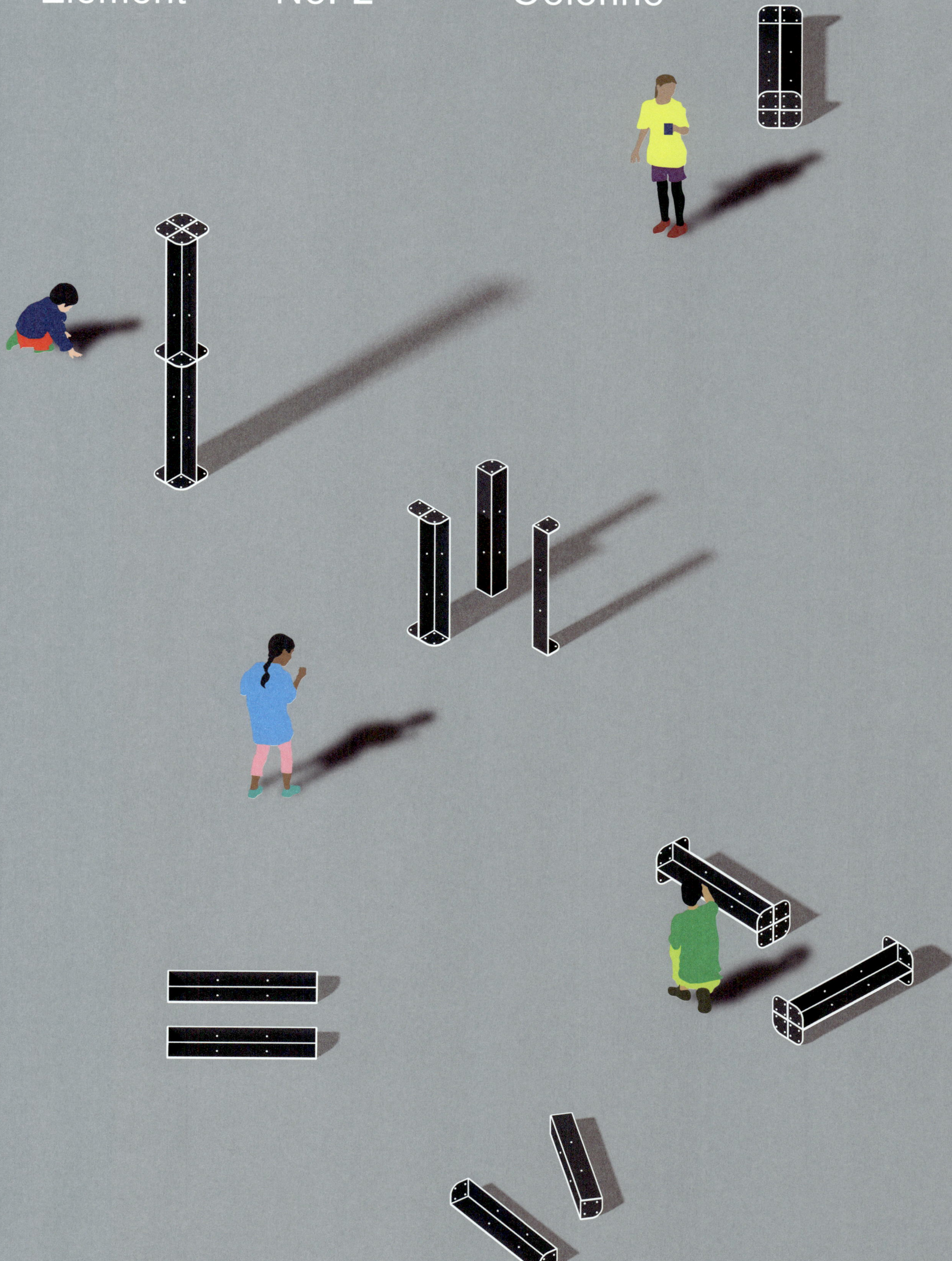

37 Versailles Petite École

Element No. 3 Beam

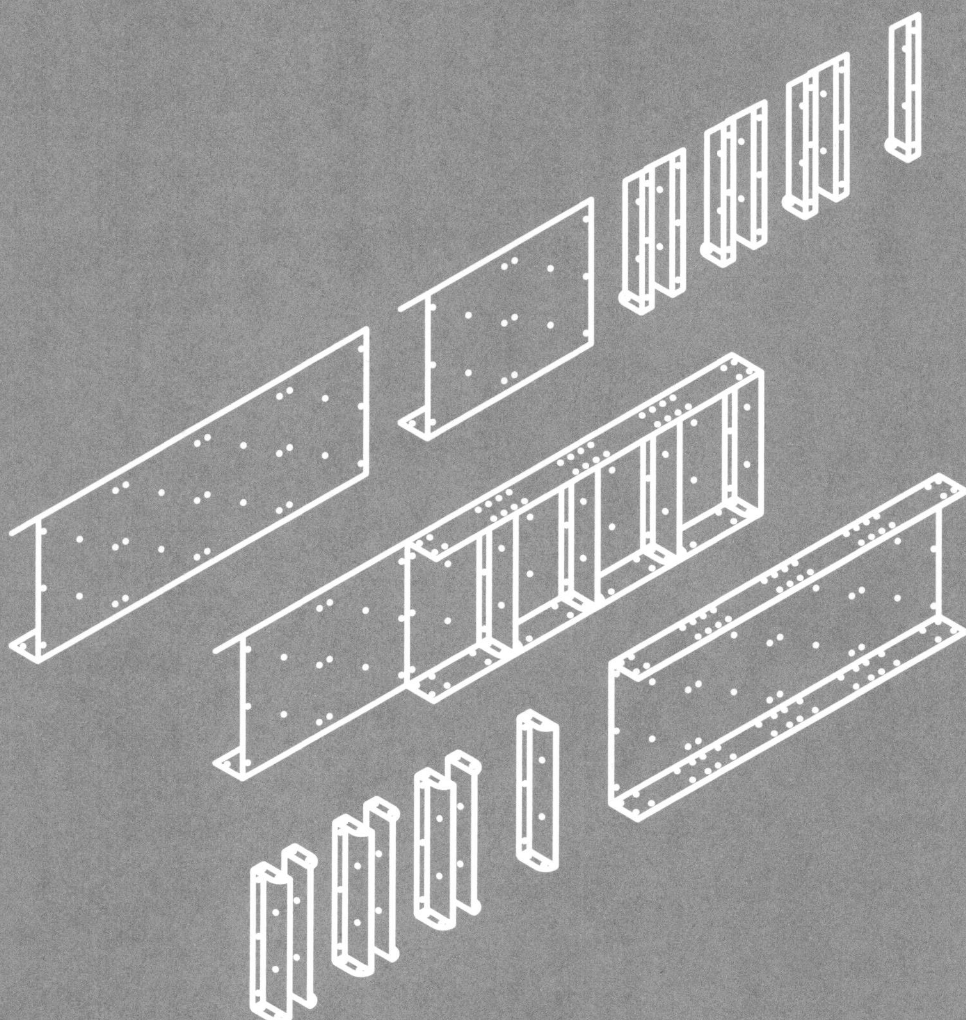

38 Versailles Petite École

Élément No. 3 Poutre

 Versailles Petite École

Element No. 4 Truss

40 Versailles Petite École

Élément No. 4 Treillis

41 Versailles Petite École

Element No. 5 Ridge Beam

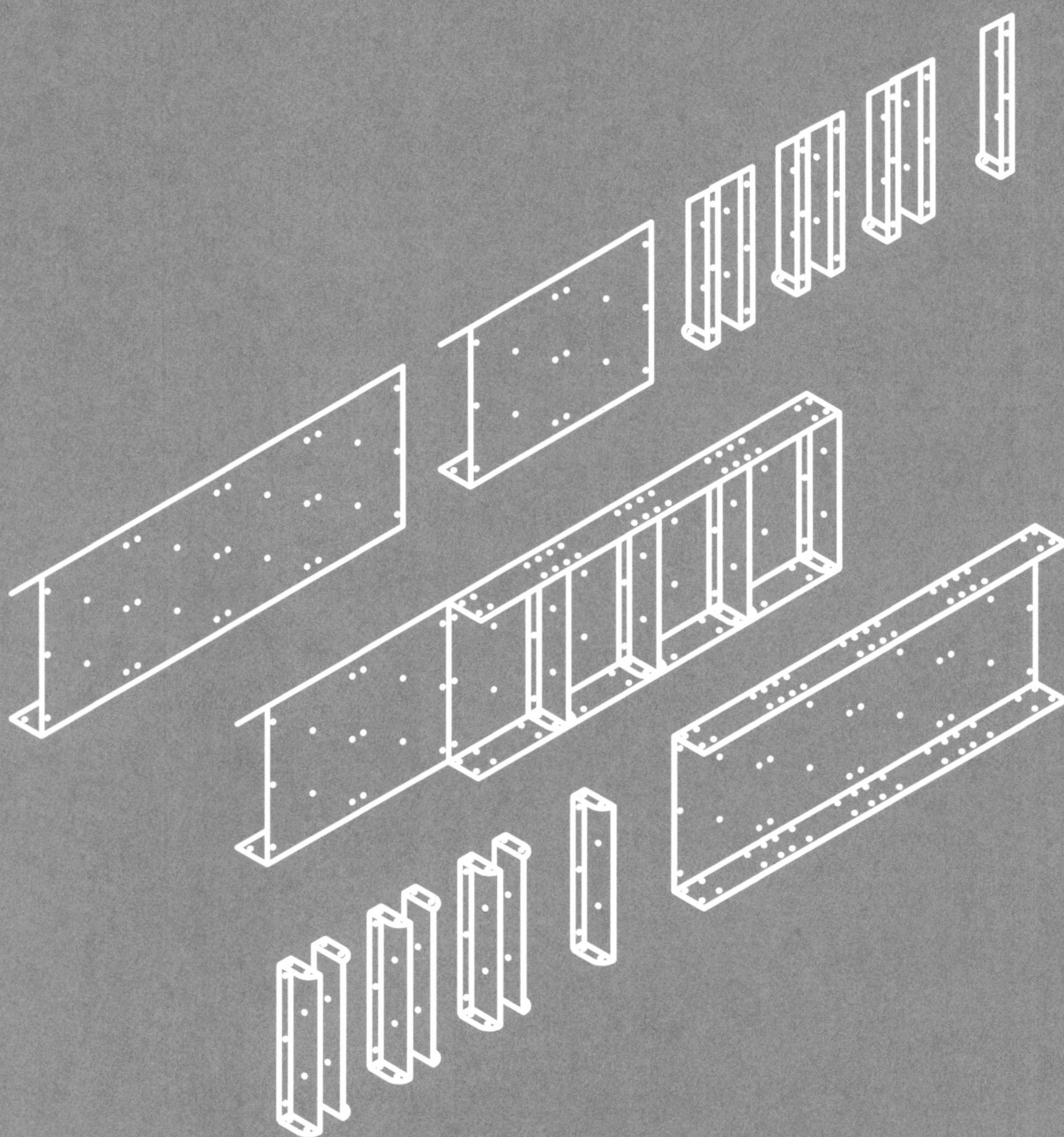

42 Versailles Petite École

Élément No. 5 Poutre Faîtière

43 Versailles Petite École

Element No. 6 Roof

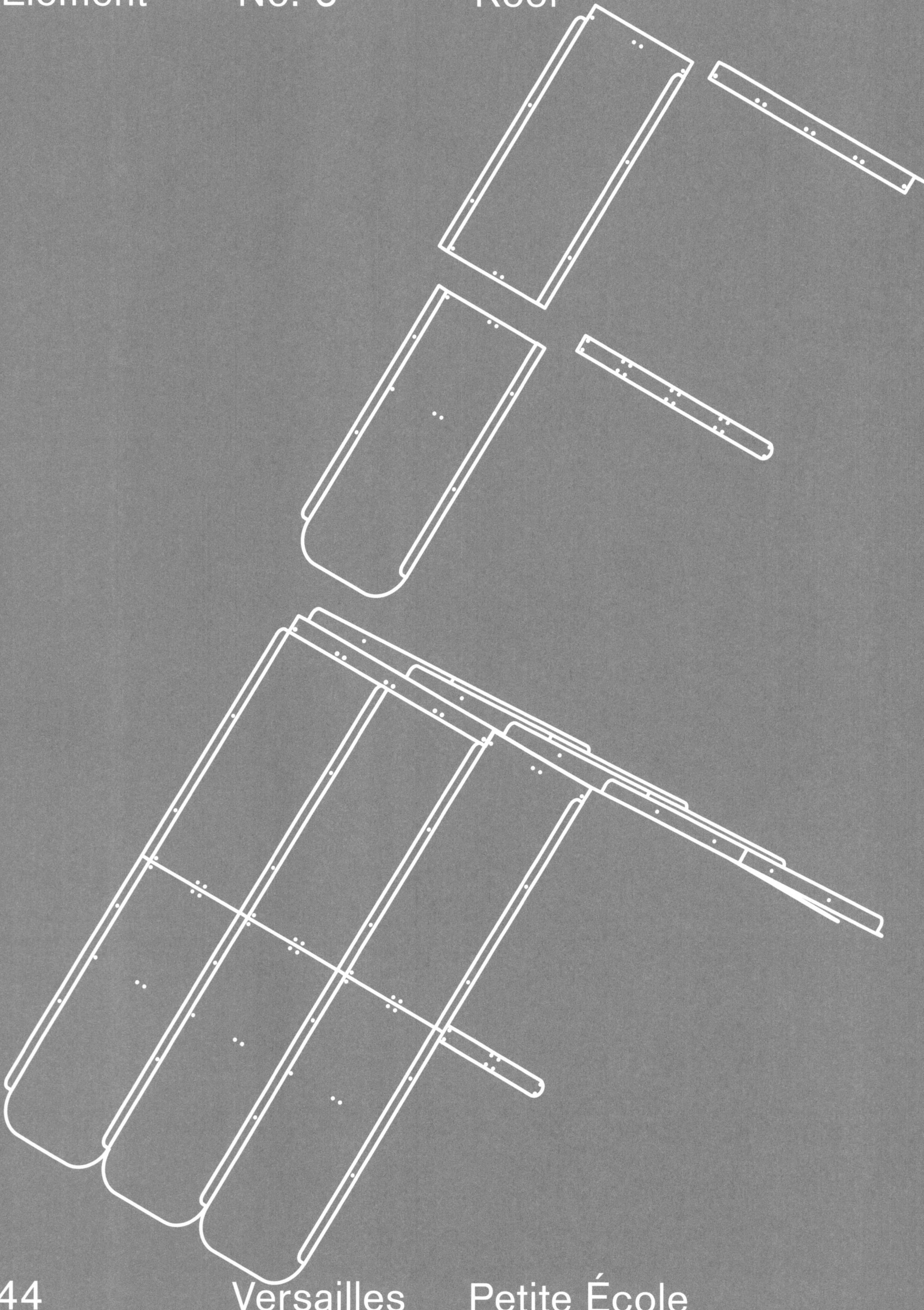

 Versailles Petite École

Élément No. 6 Toit

45 Versailles Petite École

Element No. 7 Sign

46 Versailles Petite École

Élément No. 7 Enseigne

47 Versailles Petite École

Element No. 8 Ramp

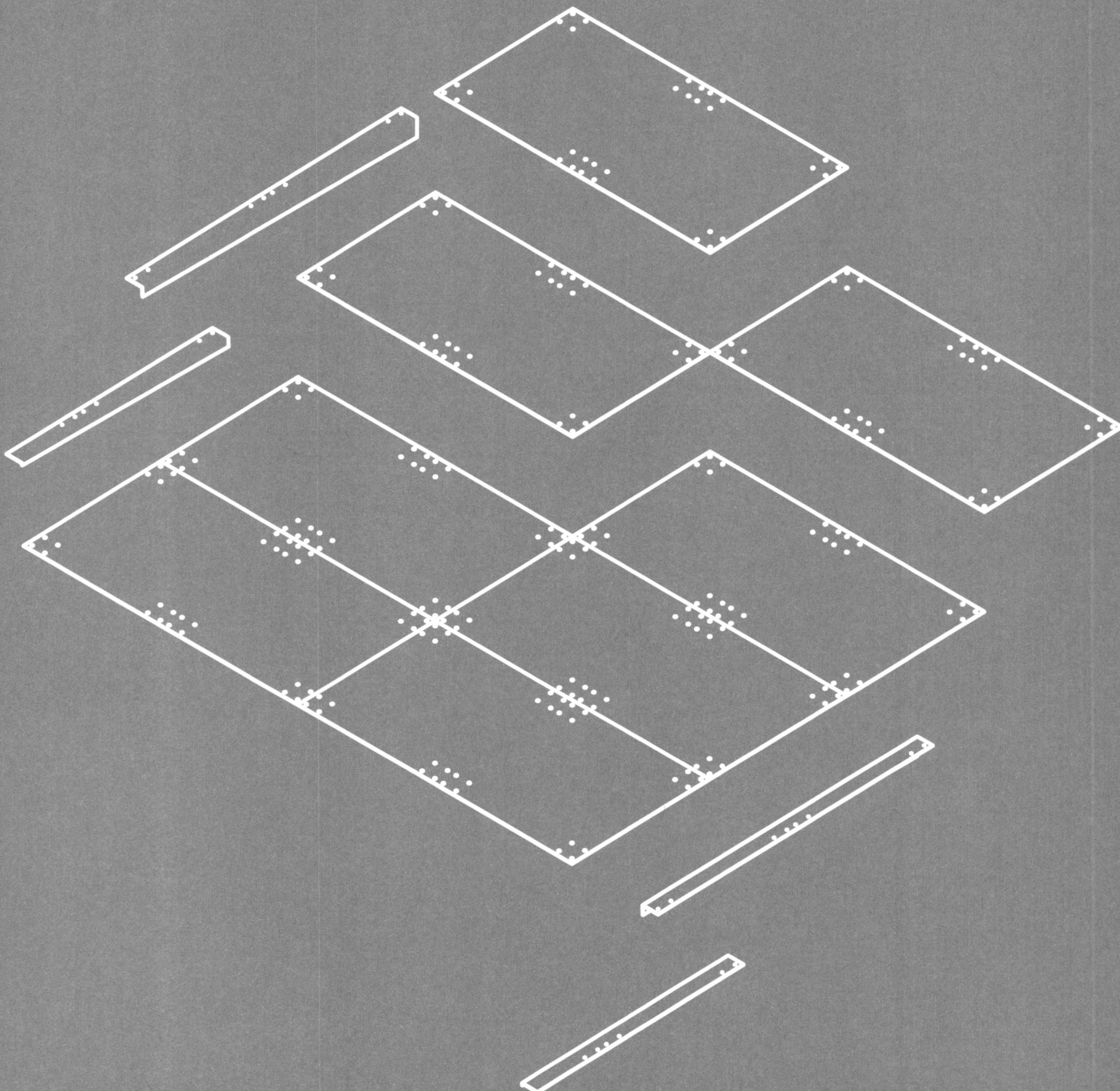

48 Versailles Petite École

Élément No. 8 Rampe

49 Versailles Petite École

Element No. 9 Table

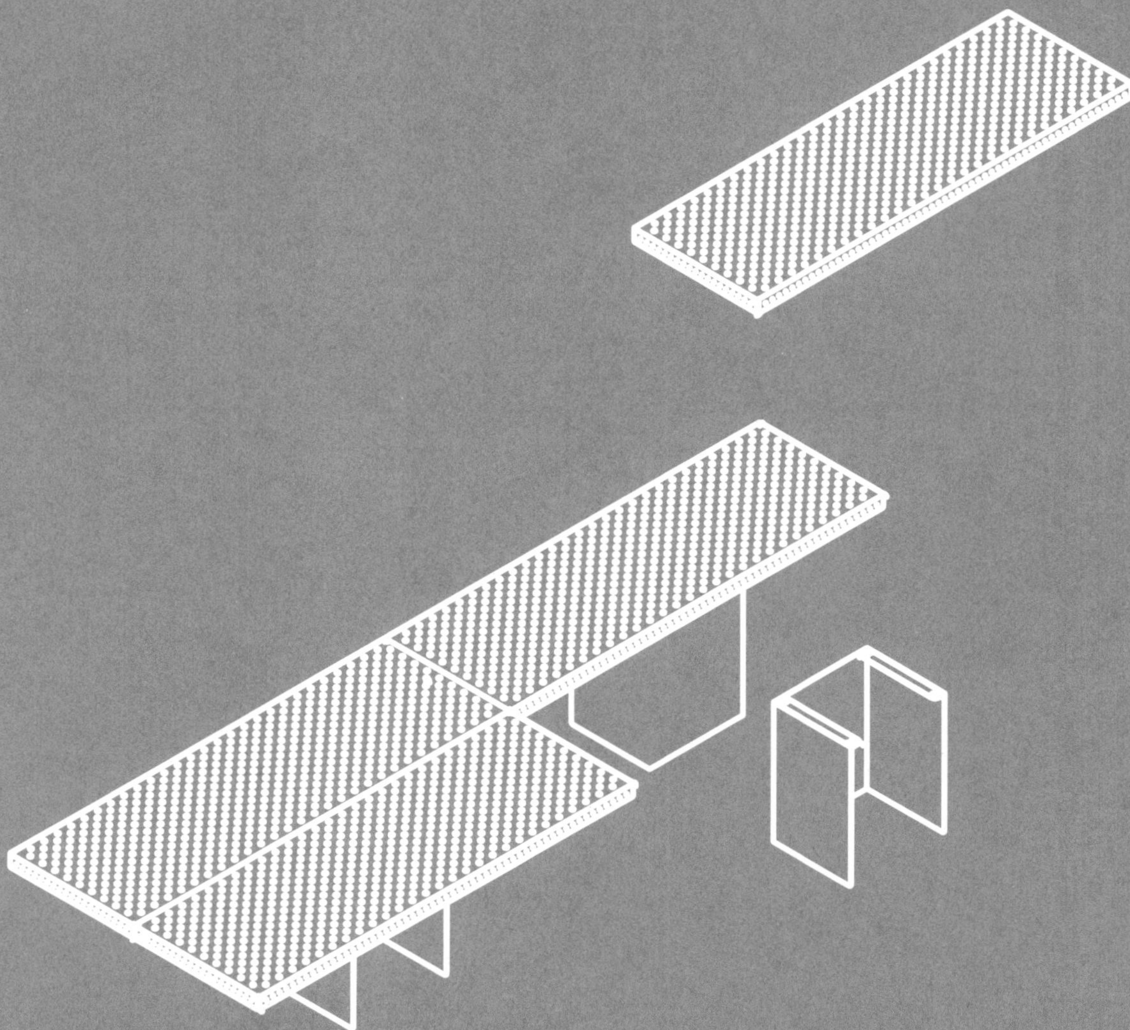

50 Versailles Petite École

Élément No. 9 Table

51 Versailles Petite École

Element No. 10 Stools

52 Versailles Petite École

Élément No. 10 Tabourets

53 Versailles Petite École

Image
Image

Part 2
Partie 2

Elements
Éléments

Part 3 Design Exercises
Partie 3 Exercices de design

The following are a compilation of design exercises by an invited group of architects. These exercises were conceived for the Petite École and while children are the focus, these assignments are for anyone curious and interested in architecture.

Ce qui suit est une compilation d'exercices de design, proposés par un groupe d'architectes invités. Ces exercices ont été conçus pour la Petite école et, bien qu'ils s'adressent aux enfants, ils sont aussi destinés à toute personne curieuse et intéressée par l'architecture.

Exercise No. 1 A Taxonomy for Toys
Exercice No. 1 Une taxonomie pour jouets

Ingredients: Toys
Ingrédients: Quelques jouets

1 Gather your toys and place them on the floor.
Rassemble tes jouets et place-les sur le sol devant toi.

2 Group them in any way you see fit.
Essaye de former des groupes.

3 Return the toys to the places you found them, now organized in a new way, ideally simpler, more beautiful, and more personal.
Remets tes jouets où tu les as trouvés. Ils sont maintenant organisés d'une nouvelle manière, idéalement plus belle, plus simple et plus personnelle.

Exercise No. 2 Dreaming with Stones
Exercice No. 2 Rêver avec des pierres

Ingredients: 2 Stones, 2 Friends, Paper, Colored Pencils
Ingrédients: 2 pierres, 2 amis, du papier, des crayons de couleur

1 Walk with a friend. While on your walk, each collect a stone. Do not let your friend see your stone.
Promène-toi avec un(e) ami(e). Pendant votre promenade, ramassez chacun(e) une pierre. Ne laisse pas ton ami(e) voir la pierre que tu as choisie!

2 Close your eyes. Ask your friend to place his or her stone in your hands.
Ferme les yeux. Demande à ton ami(e) de placer sa pierre dans tes mains.

3 Picture the stone in your mind.
Dans ta tête, essaye d'imaginer la pierre.

4 With your eyes remaining closed, return the stone to your friend. After your friend has hidden the stone, open your eyes.
En gardant les yeux fermés, rends la pierre à ton ami(e). Une fois que ton ami(e) a caché la pierre, ouvre les yeux.

5 Draw the stone from memory.
De mémoire, dessine la pierre.

6 Ask your friend to reveal the actual stone.
Demande à ton ami(e) de te montrer sa pierre.

7 Repeat with your stone.
Répétez l'exercice avec ta pierre.

Exercise No. 3 Cutout Facade

Ingredients: 1 Cutting Mat, 1 X-Acto Knife, 1 Pencil, 1 Sheet of Paper
Ingrédients: 1 tapis de coupe, 1 cutter, 1 crayon, 1 feuille de papier

The Smithsonian National Museum of African American History and Culture is on the National Mall in Washington, DC. The building is inspired by the National Mall and America's African heritage. The design has 3 main parts: the "corona" shape, the porch in the landscape, and the bronze envelope. The cladding is based on the ironwork made by African American artisans in Southern cities. It changes to let in more or less sunlight. During the daytime, the outer skin can be opaque at oblique angles, while allowing glimpses through to the interior at certain moments. The overall effect is of a glimmering skin that offers a sense of the monumental.

Le Smithsonian National Museum of African American History and Culture se trouve sur le National Mall à Washington, DC. Le bâtiment s'inspire du National Mall et de l'héritage Afro-Américain. Il comporte 3 parties principales : la forme en « couronne », le porche dans le paysage et l'enveloppe en bronze. Le revêtement s'inspire de la ferronnerie réalisée par les artisans afro-américains dans les villes du Sud. Il change pour laisser entrer plus ou moins de soleil. Pendant la journée, la peau extérieure peut être opaque à des angles obliques, tout en laissant entrevoir l'intérieur à certains moments. L'effet global est celui d'une peau scintillante qui offre un sentiment de monumentalité.

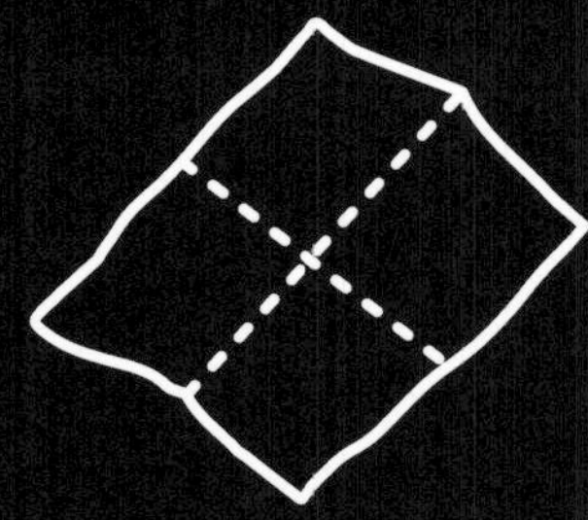

1 Fold your paper into quarters.
Plie ta feuille de papier en quatre.

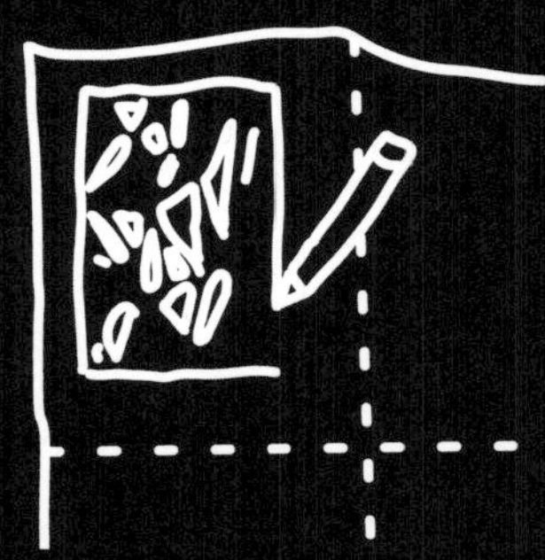

2 Draw the pattern of the National Museum of African American History and Culture in 1 quarter.
Sur 1 côté, dessine le motif de la façade du Musée National d'histoire et de culture afro-américaines.

Exercice No. 3 Façade découpée

3 Fold the paper back into quarters.
Replie la feuille en quatre.

4 Cut out the triangle shapes of the pattern.
À l'aide d'un cutter, découpe les triangles dans le motif.

5 Unfold the paper.
Déplie le papier.

Exercise No. 4 Old News
Exercice No. 4 L’histoire ancienne

Ingredients: Old Toys, Salt, Pieces of Colored Chalk, 1 Sheet of Paper, Glue, Brush
Ingrédients: Des vieux jouets, du sel, des craies de couleur, 1 feuille de papier, de la colle blanche, 1 pinceau

1 Assemble a collection of old toys.
Récupère des vieux jouets.

2 Cover the toys in glue.
Au pinceau, recouvre tes jouets de colle.

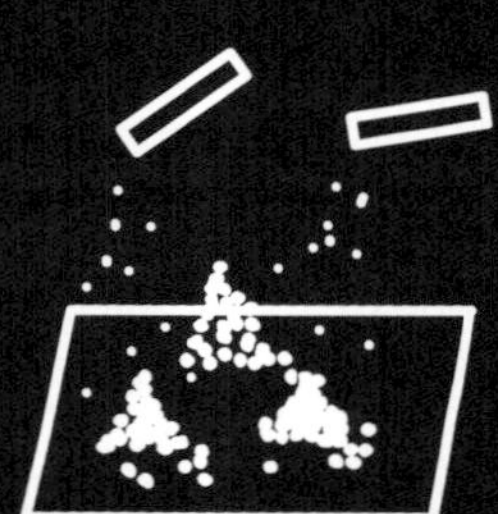

3 Mix colored chalk dust with salt.
Sur un tas de sel, fais tomber de la poussière de craies de couleur.
Mélange le tout.

4 Roll the toys in the salt and chalk mixture.
Fais rouler les jouets dans le mélange de sel multicolore.
5 Wait for the toys to dry.
Laisse sécher.

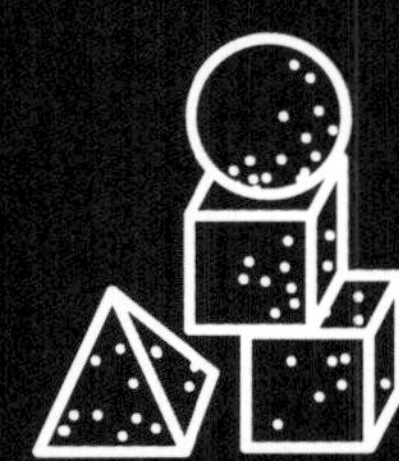

6 Stack the toys to create an architecture.
Empile les jouets pour créer une architecture.

Exercise No. 5 Making Shapes
Exercice No. 5 Faire des formes

Ingredients: 1 Sheet of Paper, 1 Pair of Scissors
Ingrédients: 1 feuille de papier, 1 paire de ciseaux

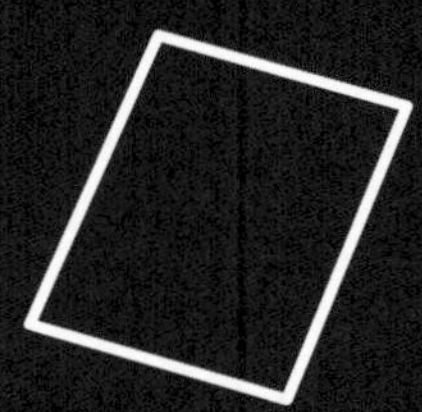

1 Take a sheet of paper.
Prends une feuille de papier.

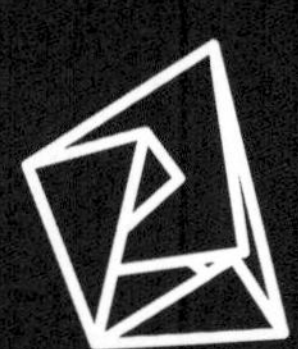

2 Fold it at least 3 but no more than 5 times.
Plie-la au moins 3 fois, mais pas plus de 5 fois.

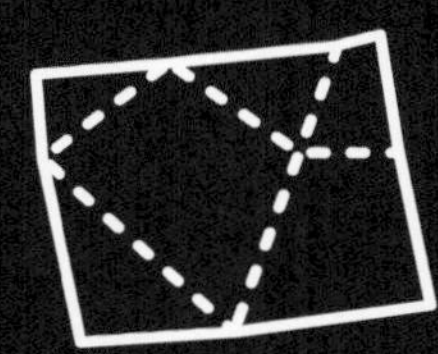

3 Unfold it.
Déplie-la.

4 Cut into pieces, on the fold lines.
Coupe-la en morceaux, sur les lignes de pli.

5 Make a new shape with these pieces, without them overlapping.
Fais une nouvelle forme avec ces petits morceaux.

6 Make another shape. And another…
Essaie une autre configuration. Et encore une autre…

Exercise No. 6 Draw a Labyrinth
Exercice No. 6 Dessine un labyrinthe

Ingredients: 1 Sheet of Paper, 1 Pen or Pencil
Ingrédients: 1 feuille de papier, 1 stylo ou crayon

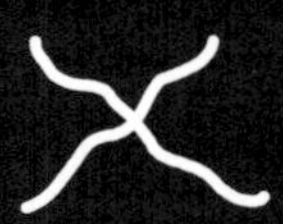

1 Draw crossing lines.
Dessine des lignes qui se croisent.

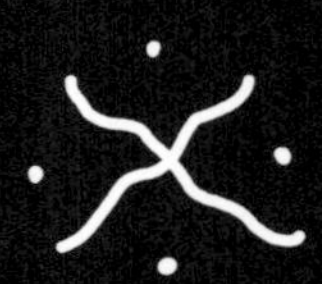

2 Draw points between the lines.
Dessine des points entre les lignes.

3 Draw a clockwise curve connecting the end of a line to a point.
Dans le sens des aiguilles d'une montre, trace une courbe qui relie l'extrémité d'une ligne à un point.

4 Draw a counterclockwise curve connecting a line to a point.
Dans le sens inverse des aiguilles d'une montre, trace une courbe qui relie une ligne à un point.

5 Repeat until there is nothing more to connect.
Répète jusqu'à ce qu'il n'y ait plus rien à connecter.

Exercise No. 7 Modeling Futures
Exercice No. 7 Imaginer l'avenir

Ingredients: 3 Sheets of Paper, 1 Pen or Pencil, Anything that you don't need anymore
Ingrédients: 3 feuilles de papier, 1 stylo ou crayon, tout ce dont tu n'as plus besoin

1 Imagine a future building or outdoor space. How might our built environment be different in 10 years? Write its name along with a sentence explaining its purpose.
Imagine un bâtiment ou un espace extérieur du futur. A quoi ressemblera la vie dans 10 ans? Donne un nom à ton projet, accompagné d'une phrase qui explique à quoi il sert.

2 Represent your imagined space with a drawing and small model.
Représente ton espace imaginaire avec un dessin ou une petite maquette.

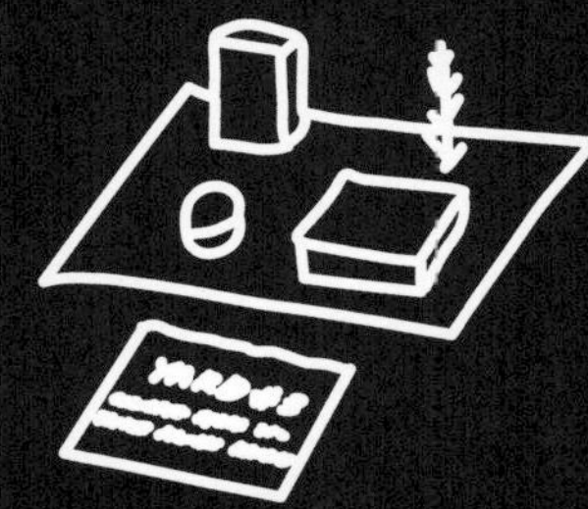

3 Display your work.
Expose ton travail.

Exercise No. 8 A House like a Body
Exercice No. 8 Le corps d'une maison

Ingredients: Some Sheets of Paper, 1 Pair of Scissors, 1 Pen or Pencil
Ingrédients: Quelques feuilles de papier, 1 paire de ciseaux, 1 stylo ou crayon

A house is like a human body. Just like you, it has feet, torso, eyes, mouth, nose, bones, and a head. Its feet are the foundation on which the rest of the house stands. Its body is the interior space where you eat, sleep, run, and play. Its eyes are the windows, where the light comes in and you see out. Like you, a house has a mouth, the door through which you exit and enter. It has a nose that lets air and all sorts of smells in and out. It has bones that allow it to stand. It has skin that wraps and protects you, keeping you cool in summer and warm in winter. And it even has a head, the roof that shelters you from the air, rain, and wind.

Une maison est comme un corps humain. Comme toi elle a des pieds, un torse, des yeux, une bouche, un nez, des os et une tête! Ses pieds sont les fondations sur lesquelles repose le reste de la maison. Son corps est l'espace intérieur où tu manges, dors, cours et joues. Ses yeux sont les fenêtres où la lumière entre et par lesquelles tu peux voir l'extérieur. Une maison a une bouche, c'est la porte par laquelle tu entres et sors. Son nez laisse passer l'air et toutes sortes d'odeurs. Elle a des os qui lui permettent de se tenir debout. Elle a une peau qui t'enveloppe et te protège, qui te garde au frais en été et au chaud en hiver. Et elle a même une tête, c'est le toit qui te protège de l'air, de la pluie et du vent.

1 Cut out figures and construct your own house.
Découpe des formes et assemble ta propre maison.

2 Give your house feet, eyes, a mouth, a nose, bones, and a head!
Assure-toi que ta maison a des pieds, des yeux, une bouche, un nez, des os et une tête!

Exercise No. 9 04:33
Exercice No. 9 04:33

Ingredients: 1 Piece of Paper, 1 Rectangular Object, 1 Round Object, String, 1 Pen or Pencil, Some Colored Pencils
Ingrédients: 1 feuille de papier, 1 objet rectangulaire, 1 objet rond, de la ficelle, 1 crayon ou stylo, des crayons de couleur

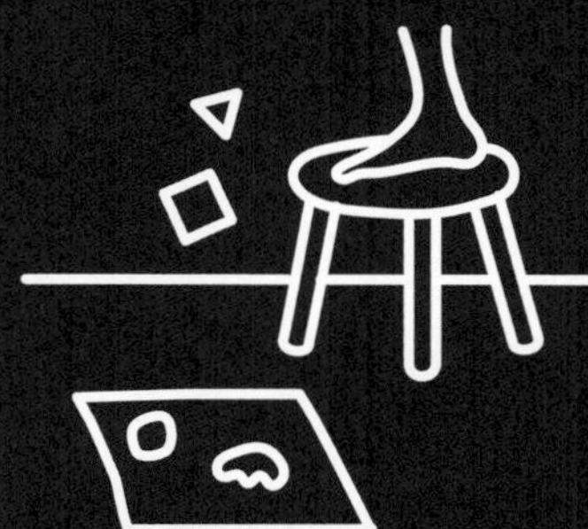

1 Find something flattish, shaped like a square or rectangle; something else flattish, shaped like a circle; and a piece of string of any length.
Trouve un objet plat, en forme de carré ou de rectangle, un autre objet plat, en forme de cercle et un morceau de ficelle de n'importe quelle longueur.

2 Place a piece of paper on the floor.
Pose une feuille de papier sur le sol.

3 Climb on top of a stool and drop the 3 shapes onto the paper. Observe how they flutter or fall. If you miss the paper, you can try again. Misses are part of the process.
Monte sur un tabouret et lâche les objets et la ficelle sur le papier. Observe comment ils tombent. Si ça tombe hors du papier, tu peux recommencer. Les échecs font partie du processus.

4 Trace the outline of the shapes.
Trace le contour des formes.

5 Repeat until the shapes overlap. When you are satisfied with the result, you can color it in or leave it blank.
Recommence jusqu'à ce que les formes se chevauchent. Lorsque que tu es satisfait(e) du résultat, tu peux choisir de colorier le dessin.

Exercise No. 10 Silhouette City

Ingredients: 1 Pair of Scissors, Construction Paper, Glue, 9 Milk Cartons, Paint
Ingrédients: 1 paire de ciseaux, du papier cartonné de couleur, de la colle, 9 briques de lait ou cartons UHT, de la peinture

1 Collect 9 milk cartons of various sizes.
Rassemble 9 briques de lait de différentes tailles.

2 Paint each carton with white paint.
Peins une couche de peinture blanche sur chaque carton.

3 Paint each carton again with black paint.
Peins à nouveau chaque carton avec de la peinture noire.

4 Arrange your newly crafted towers in a row or cluster.
Dispose tes tours en rangées ou en groupes.

5 Glue all of the touching sides together to create a solid object.
Colle tous les côtés qui se touchent pour obtenir un bloc solide.

6 Cut out rectangles for windows.
Dans le papier, découpe des rectangles pour faire les fenêtres.

7 Apply your windows to your buildings. Try doing 3 or more different window sizes on each side. Try not to repeat your patterns.
Colle les fenêtres sur tes tours. De chaque côté, essaie d'avoir des fenêtres de 3 tailles différentes. Essaie de ne pas répéter les mêmes dispositions de chaque côté.

Extra Credit: Do it again! Fit your 2 neighborhoods together.
Bonus : Recommence! Assemble tes 2 quartiers.
Extra extra credit : Do it again and again and watch your city grow!
Bonus Bonus : Fais-le encore et encore et regarde ta ville grandir!

Exercise No. 11 Foil Fettuccine
Exercice No. 11 Fettuccine en aluminium

Ingredients: 1 Sheet of Paper, 1 Pencil, 1 Sheet of Aluminum Foil, Tape
Ingrédients : 1 feuille de papier, 1 crayon, 1 feuille d'aluminium, 1 rouleau de ruban adhésif

1 Draw a squiggly circle.
Dessine un cercle ondulé.

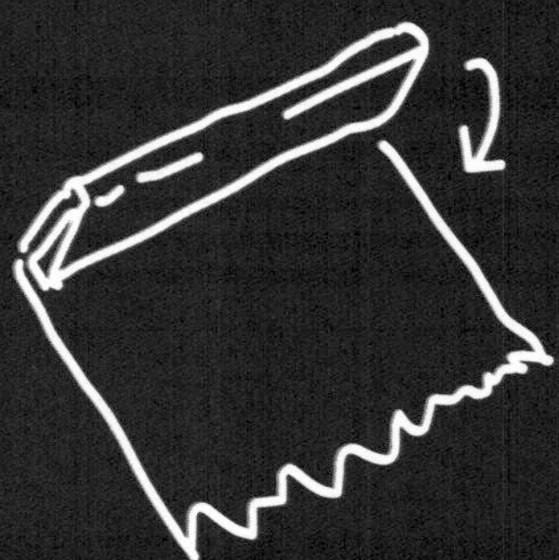

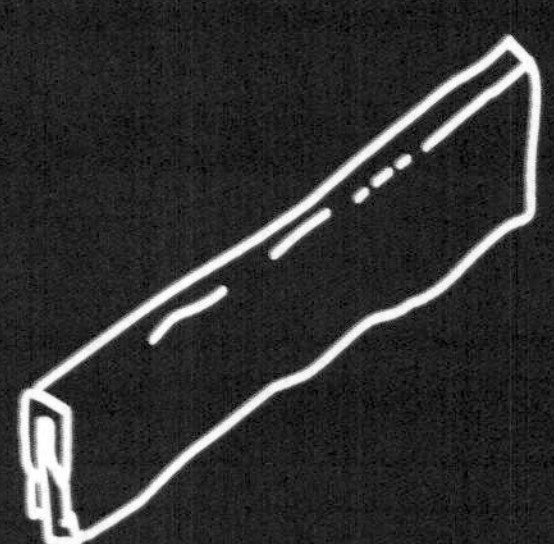

2 Fold the sheet of aluminum foil until you have a stiff, flat strip of foil.
Plie la feuille d'aluminium jusqu'à ce que tu obtiennes une bande rigide et plate.

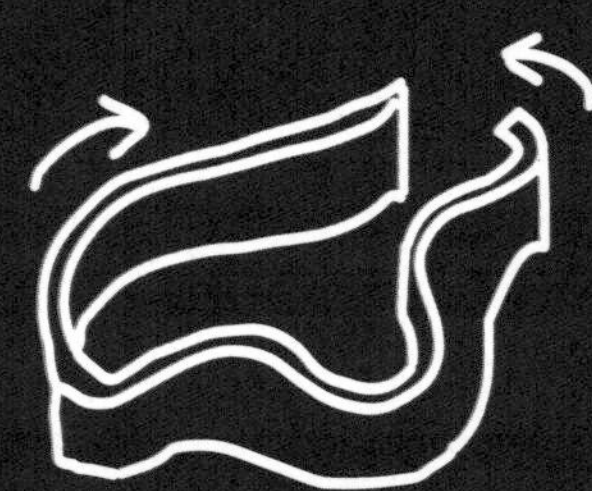

3 Bend the foil around the squiggly circle to copy its form.
Plie la bande d'aluminium autour de l'esquisse pour reproduire la forme.

4 (Optional) Fold or tape the ends of the foil to close the shape.
(Facultatif) Plie ou scotche les extrémités de la bande d'aluminium pour fixer la forme.

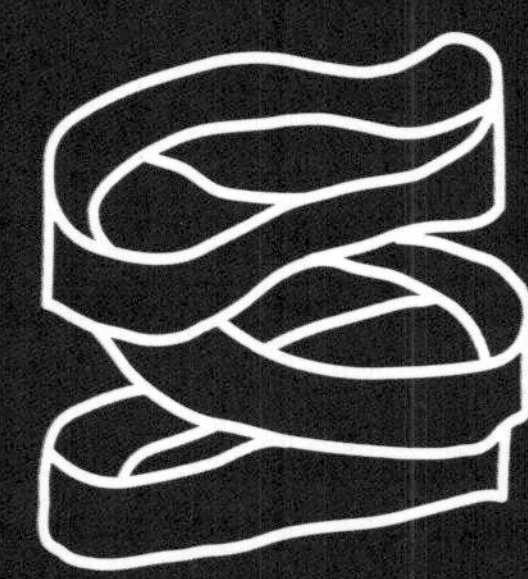

5 You can use this as a cookie cutter, a stencil, a measuring device, or even a bracelet! Try stacking a few of them!
Tu peux l'utiliser comme emporte-pièce, comme pochoir, comme outil de mesure ou même de bracelet! Essaye d'en empiler plusieurs!

Galo Canizares &
Stephanie Sang Delgado

Exercise No. 12 Conical Construction
Exercice No. 12 Construction conique

Ingredients: 1–2 Sheets of Paper, Color Craft Paper, Pencil, Scissors, Tape
Ingrédients: 1–2 feuilles de papier, du papier kraft de couleur, 1 crayon, 1 paire de ciseaux, du ruban adhésif

1 Find a circular lid that fits inside your sheet of paper.
Trouve un couvercle circulaire qui rentre sur ta feuille de papier.

2 Trace your lid so that a complete circle is drawn on your paper.
Sur ta feuille, trace un cercle complet autour du couvercle.

3 Cut out your circle.
Découpe ton cercle.

4 Fold your circle in half once. Unfold, and then fold the other half.
Plie ton cercle en deux, déplie-le, puis plie l'autre moitié.

5 Cut a line from the edge of the circle to the center point.
Sur une des lignes de pli, coupe ton cercle du bord au point central.

6 Form a cone. Then tape it.
Superpose les bords pour former un cône. Scotche le tout.

7 Repeat Steps 1–6 at least 3 times, or more.
Répète les étapes 1–6 au moins 3 fois.

8 Stack, mix and match your cones. Imagine each as a tree, a tower, or a sculpture.
Mélange et empile tes cônes. Imagine qu'ils forment un arbre, une tour ou une sculpture.

Exercise No. 13 Color Structure
Exercice No. 13 Structure de couleur

Ingredients: Colored Pencils, 1 Sheet of Paper
Ingrédients: des crayons de couleur, 1 feuille de papier

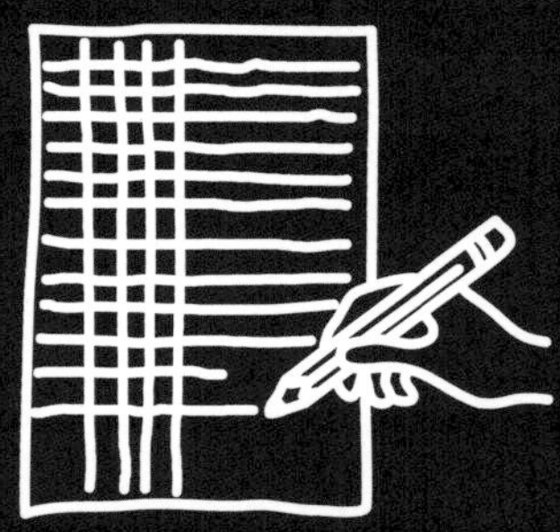

1 Draw a horizontal line at the top of the page. In another color, draw a line slightly below it. Repeat until you reach the bottom of the page. Each line should be a different color from the line next to it. Trace une ligne horizontale en haut de ta page. Avec une autre couleur, trace une ligne légèrement en dessous. Répète cette étape jusqu'à ce que tu arrives au bas de la page. Chaque ligne doit être d'une couleur différente de la ligne qui la suit.

2 Draw a vertical line on the left side of the page. In another color, draw a line to its right. Repeat until you reach the right side of the page. Each line should be a different color from the line next to it. Trace une ligne verticale sur le côté gauche de la page. Avec une autre couleur, trace une ligne à droite de la dernière ligne. Répète cette étape jusqu'à ce que tu arrives au côté droit de la page. Chaque ligne doit être d'une couleur différente de celle de la ligne qui la suit.

3 When working, remember that it is alright to break the rules every so often. Lorsque tu travailles, souviens-toi qu'il est normal d'enfreindre les règles de temps en temps!

Exercise No. 14 Swiss Facades
Exercice No. 14 Façades suisses

Ingredients: 1 Sheet of Paper, 1 Pair of Scissors
Ingrédients: 1 feuille de papier, 1 paire de ciseaux

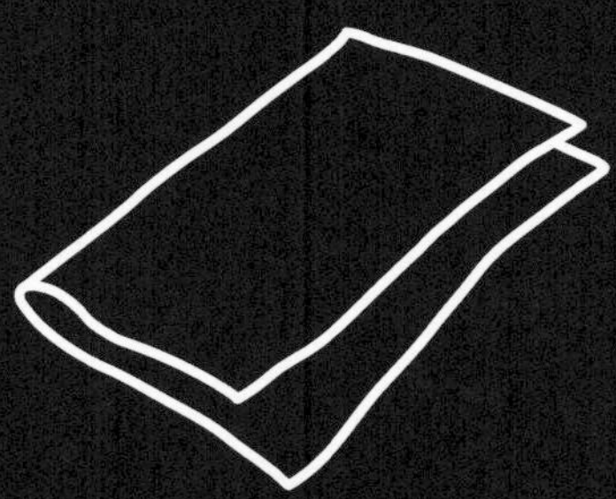

1 Fold a sheet of paper in half a minimum of 4 times.
Plie ta feuille de papier en 2, au moins 4 fois.

2 Cut away a minimum of 2 corners and a maximum of 4.
Coupe au moins 2 coins, mais maximum 4 coins.

3 Cut very precisely. Take care to cut away a similar sized piece each time.
Coupe très soigneusement. Assure-toi de couper des morceaux de tailles équivalentes.

4 Unfold.
Déplie la feuille.

Exercise No. 15 A Paper Frieze
Exercice No. 15 Une frise en papier

Ingredients: 2 Sheets of Paper, 1 Pencil, A Pair of Scissors, Glue
Ingrédients: 2 feuilles de papier, 1 crayon, une paire de ciseaux, de la colle

1 Draw 3 or 4 figures on 1 sheet of paper.
Dessine 3 ou 4 différentes formes sur une feuille de papier.

2 Cut out many pieces of each figure.
Découpe plusieurs fois chaque forme.

3 Arrange 3 or 4 figures in a line.
Aligne tes 3 ou 4 formes.

4 Produce a pattern by repeating that arrangement.
Répète cette combinaison plusieurs fois, formant petit à petit un motif.

5 Glue the pieces on a long and narrow piece of paper.
Colle tes morceaux dans l'ordre sur une longue bande de papier.

6 Wrap it around something to make a frieze.
Entoure la bande de papier autour de quelque chose pour faire une frise.

Exercise	No. 16	The Potato Dolmen
Exercice	No. 16	Le dolmen de pommes de terre

Ingredients: 1 Large Potato, 4 Small Potatoes
Ingrédients: 1 grosse pomme de terre, 4 petites pommes de terre

The aim of this exercise is to make a shelter for small figurines using a stack of potatoes.
Le but de cet exercice est de constituer un abri pour petites figurines à l'aide de pommes de terre.

1 Place 4 small potatoes on a table.
Place 4 petites pommes de terre sur une table.

2 Hold the potatoes in place while a friend carefully balances the large potato roof on top.
Tiens les pommes de terre en place pendant qu'un ami pose délicatement la plus grosse pomme de terre par-dessus, pour faire le toit.

3 Pull your hands away, et voilà. The structure stands on its own – the weight of the roof keeps the supports from rolling off the table.
Retire tes mains. Voilà! La structure tient seule – le poids du toit empêche les supports de s'échapper.

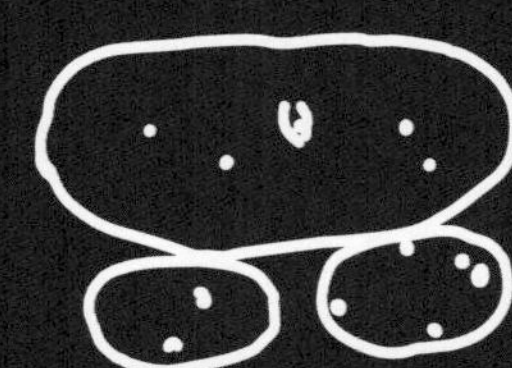

4 Try to balance the large potato on just 2 small potatoes, or on a tilted plane.
Essaie de faire tenir la grosse pomme de terre sur seulement 2 petites pommes de terre. Essaie de reproduire le dolmen sur une surface inclinée.

Exercise No. 17 Hollow Rocks
Exercice No. 17 Caillou creux

Ingredients: Sand, Plaster of Paris, Water, Gloves, 1 Spatula, 1 Container, Plastic, Mesh or Cheesecloth

Ingrédients: Du sable, du plâtre de Paris, de l'eau, 1 paire de gants, 1 spatule, 1 bol, 1 rouleau de film plastique (ou un sac en plastique), du tissu

1 Cover a small mound of sand with plastic foil or bag.
Fais un tas de sable et recouvre-le avec du film plastique.

2 Apply a thin layer of plaster over the mound.
Applique une fine couche de plâtre en suivant la forme du tas.

3 Place the mesh/cloth on top of it. Apply a second layer of plaster. Wait for the plaster to dry.
Place le tissu par-dessus. Applique une seconde couche de plâtre couvrant le tissu. Laisse sécher.

4 Lift the plaster shell and remove the sand.
Soulève délicatement la coque en plâtre pour enlever le sable.

Exercise No. 18 Out of Details
Exercice No. 18 Partir du détail

Ingredients: 1 Sheet of Paper, 1 Pen or Pencil
Ingrédients: 1 feuille de papier, 1 stylo ou un crayon

1 Draw your favorite (or least favorite) part of a building.
Dessine ta partie préférée (ou alors moins aimée) d'un bâtiment.

2 Draw a whole new building from this part. It doesn't need to be similar.
A partir de ce détail, dessine un tout nouveau bâtiment. Ils ne doivent pas forcément se ressembler.

Exercise No. 19 Inverse Negative
Exercice No. 19 Négatif inversé

Ingredients: 1 Sheet of Paper, any mark-making utensils
Ingrédients: 1 feuille de papier, quelque chose pour dessiner

1 Draw a form.
Dessine une forme.

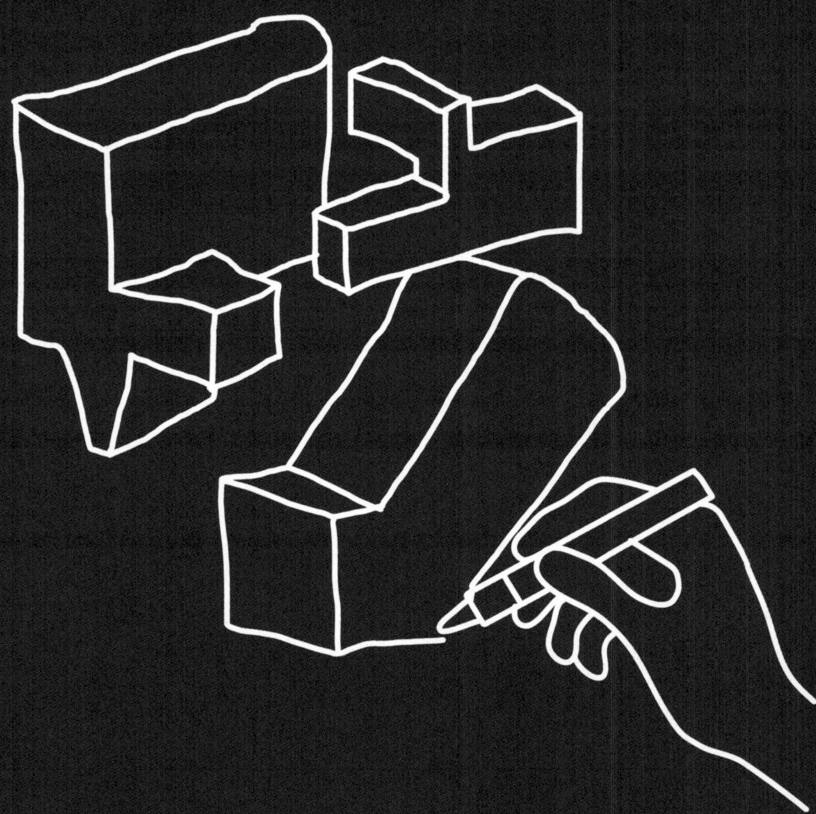

2 Draw the inversion of the form.
Dessine l'inversion de cette forme.

3 Focus on the space between forms.
Concentre-toi sur l'espace entre les deux formes.

Exercise	No. 20	Point of View
Exercice	No. 20	Point de vue

Ingredients: 1 Sheet of Paper, 1 Pair of Scissors, Some Picture Books or Magazines
Ingrédients: 1 feuille de papier, 1 paire de ciseaux, des livres illustrés ou des magazines

1 Draw a room with a window.
Dessine une pièce avec une fenêtre.

2 Cut out the window.
Découpe la fenêtre.

3 Place your room over different images from books and magazines to create different views…
Pour créer différentes vues, place ta pièce sur différentes images dans les livres ou magazines choisis…

Wonne Ickx/PRODUCTORA

Exercise No. 21 The Longest Word
Exercice No. 21 Le mot le plus long

Ingredients: 1 Sheet of Paper, 4 Colored Pencils or Pens
Ingrédients: 1 feuille de papier, 4 crayons ou stylos de couleurs

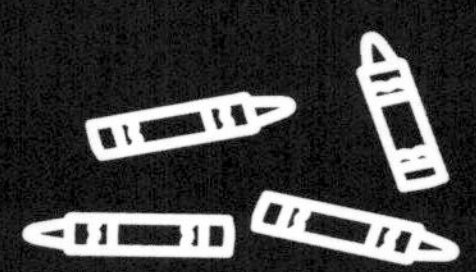

1 Hold 4 different color pencils/pens together. Dans une main, tiens 4 crayons ou stylos de couleurs différentes.

2 How many letters of the alphabet can you draw without lifting the pens from the table and without lines crossing? Combien de lettres de l'alphabet peux-tu dessiner sans lever les crayons de la table et sans que les lignes ne se croisent?

3 Make the longest word you can with your new, colorful alphabet. Écris le mot le plus long possible avec ton nouvel alphabet coloré.

Exercise No. 22 How to Draw a Map
Exercice No. 22 Dessiner une carte

Ingredients: 1 Sheet of Paper, 1 Pen or pencil
Ingrédients: 1 feuille de papier, 1 stylo ou crayon

1 Draw a dot on the page to mark where you are now.
Fais un point sur une feuille de papier pour marquer ta position actuelle.

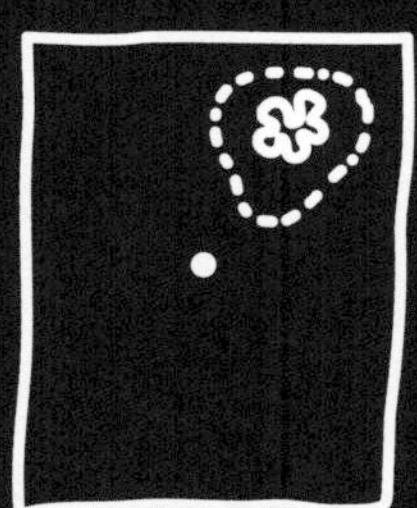

2 Draw the thing that you can see next to you – making sure that the space between the dot and the drawing of the thing is like the space between you and that thing.
Dessine la chose que tu vois à côté de toi – assure-toi que l'espace entre le point et ton dessin corresponde à l'espace entre toi et cette chose.

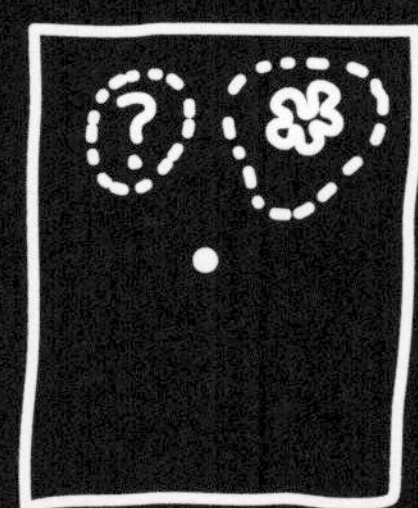

3 Draw the thing next to that thing (remembering that the space between the things is important).
Dessine autre chose que tu vois à côté du premier objet. (N'oublie pas que sur une carte, l'espace entre les choses est important).

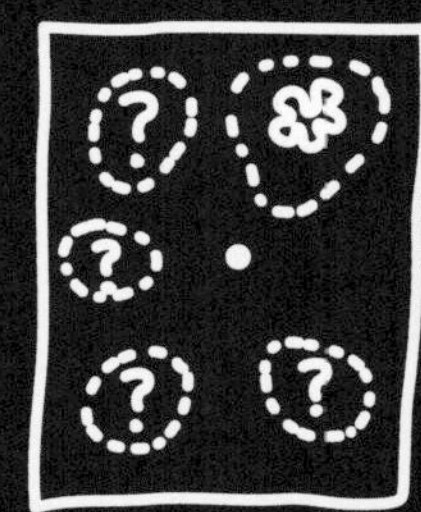

4 Keep drawing all the other things around you till you fill the page.
Continue à dessiner tout ce qui t'entoure jusqu'à ce que la page soit remplie.

5 That is a map.
Tu as dessiné une carte.

Exercise No. 23 A Tiny Mountain
Exercice No. 23 Une petite montagne

Ingredients: 1 Bucket, 1 Shovel, 1 Sheet Wax Paper, 1 Spray Bottle
Ingrédients: 1 seau, 1 pelle, du papier sulfurisé, 1 vaporisateur

1 Take a bucket and shovel and walk in the countryside or in a park.
Équipe-toi d'un seau et d'une pelle et va te promener dans un champs ou dans un parc.

2 Fill your bucket with soil from this place.
Remplis ton seau avec de la terre.

3 Empty the bucket on waxed paper. You will have a beautiful mountain on a paper.
A la maison, vide le seau sur un morceau de papier sulfurisé. Sur ton papier tu as maintenant une petite montagne.

4 Leave it like that, everyday gently water the mountain with a spray bottle.
N'y touche pas plus. Chaque jour, arrose délicatement la montagne avec un vaporisateur.

5 In a few days, things will happen to the mountain. Plants might grow. Maybe fungus. Whatever happens to the mountain, it will be good.
D'ici quelques jours, des choses vont se passer sur ta montagne. Des plantes vont peut-être pousser. Peut-être même un champignon. Quoi qu'il arrive à ta montagne, ce sera beau.

6 Wait and see. And please keep watering your tiny mountain.
Attends, et observe. Continue d'arroser ta petite montagne.

Exercise No. 24 Imaginary Alphabet
Exercice No. 24 Alphabet imaginaire

Ingredients: 1 Computer, 1 Printer, Some Sheets of Paper, 1 Pair of Scissors, 1 Glue Stick, 1 Sheet of Museum Board
Ingrédients: 1 ordinateur, 1 imprimante, quelques feuilles de papier, 1 paire de ciseaux, 1 bâton de colle, 1 carton fin

1 Print out various letters or numbers, each filling an entire sheet of paper. The letters and numbers should be printed in different colors and **Arial Bold** typeface.
Imprime plusieurs lettres ou chiffres surdimensionnés. Les caractères doivent chacun remplir une feuille de papier entière, être en caractères **Arial Bold** et de couleurs différentes.

2 Gather a glue stick, sheet of museum board, and pair of scissors.
Rassemble la colle, une paire de ciseaux et le carton.

3 Cut, combine, and superimpose the paper letters onto the museum board to create new imaginary letters and designs.
Découpe, combine et superpose les grandes lettres en papier sur ton carton pour créer et imaginer de nouvelles lettres ou de nouveaux motifs.

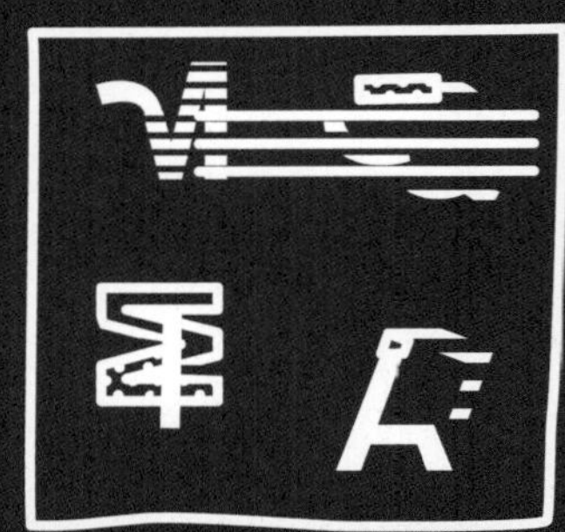

4 Explore angles, curves, and tangents to produce new hybrid shapes and characters.
Explore les angles, les courbes et les tangentes pour créer de nouvelles formes et de nouveaux caractères.

Exercise No. 25 Paper Sculptures
Exercice No. 25 Sculptures en papier

Ingredients: Some Sheets of Paper, Markers, Glue or Tape
Ingrédients Quelques feuilles de papier, des feutres, de la colle ou du ruban adhésif

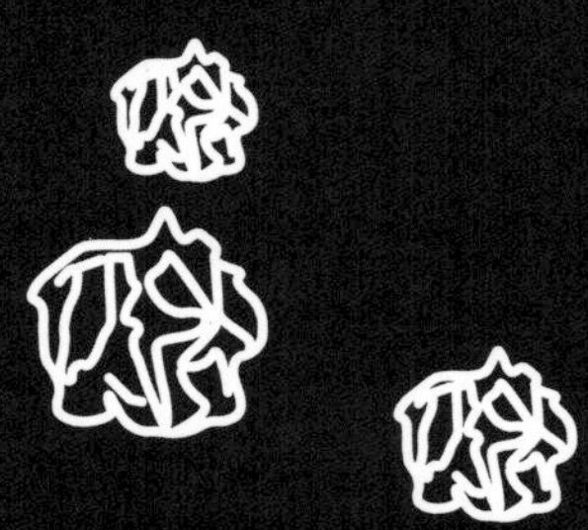

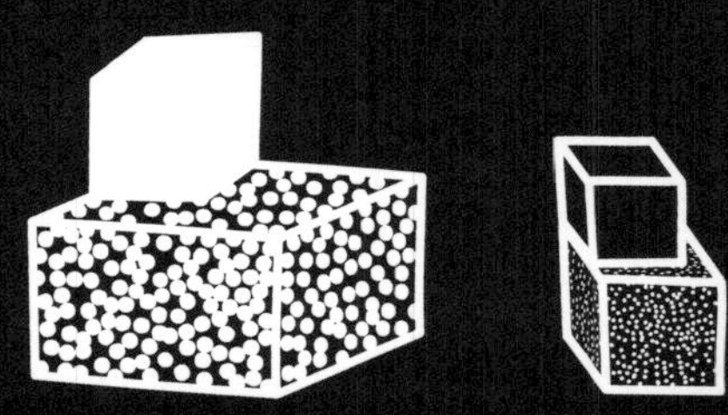

1 Make colored patterns on both sides of multiple sheets of paper.
Dessine des motifs colorés sur les deux côtés de plusieurs feuilles de papier.

2 Tear some sheets in 2, others into 3 pieces, and keep some whole.
Déchire certaines feuilles en 2, d'autres en 3, mais garde certaines feuilles entières.

3 Crumple each piece into a ball.
Froisse chaque morceau de papier en boule.

4 Design a series of sculptures by assembling and taping your shapes together. Try designing new buildings, parks, vehicles, whatever you imagine.
Crée une série de sculptures en assemblant et en collant tes boules de papier. Essaie de créer des nouveaux bâtiments, des parcs, des véhicules, ou toute autre chose que tu puisses imaginer.

Exercise No. 26 Find it, Draw it
Exercice No. 26 Trouve-le, dessine-le

Ingredients: Some Pens or Pencils
Ingrédients: Quelques stylos ou crayons

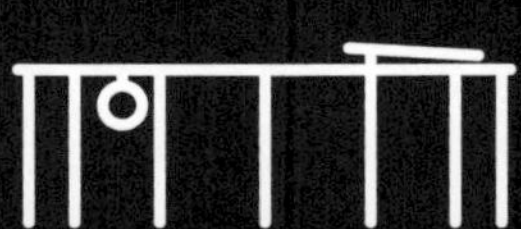

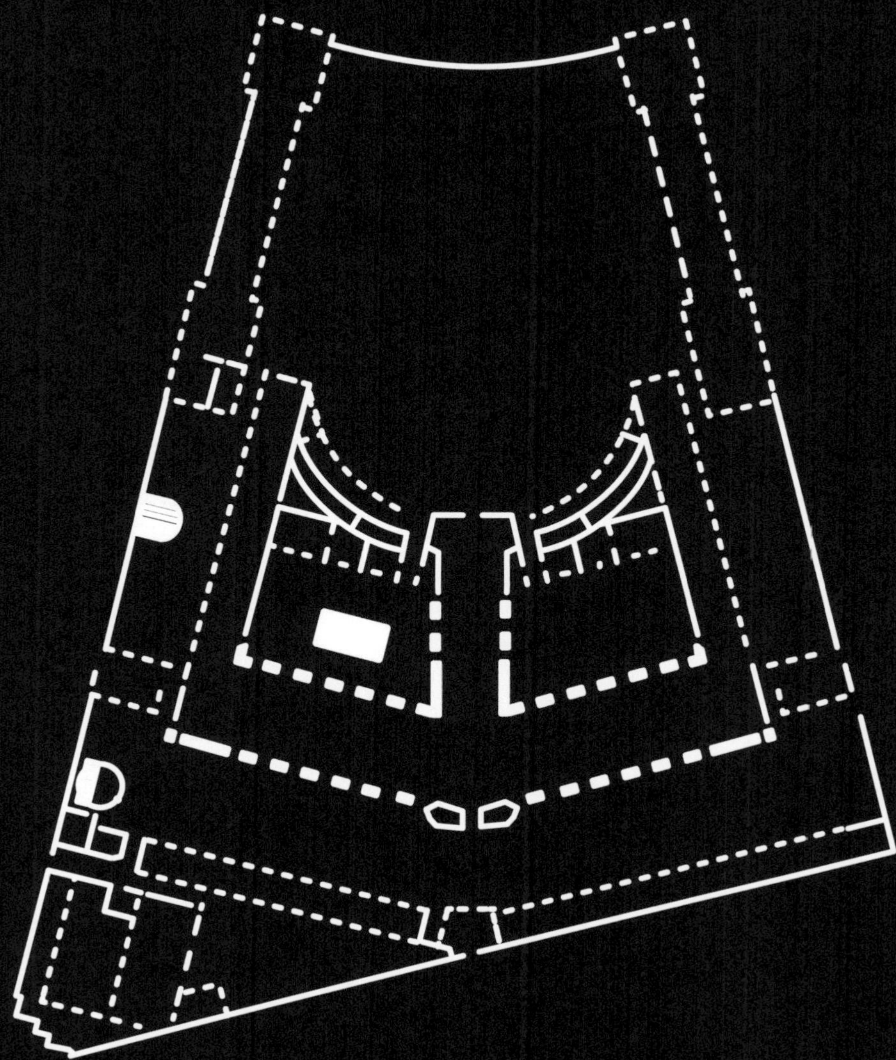

1 Find the 3 pavilions in the École nationale supérieure d'architecture de Versailles.
Trouve les 3 pavillons dans l'École nationale supérieure d'architecture de Versailles.

2 Draw your own pavilion in plan.
Dessine un plan de ton propre pavillon.

Exercise No. 27 The Pendentive & The Squinch

Ingredients: 1 Pair of Scissors, Tape, 1 Sheet of Paper
Ingrédients: 1 paire de ciseaux, du ruban adhésif, 1 feuille de papier

How do you place a circular dome over a square room? Architecture in the Islamic world has used 2 different techniques inspired and developed out of 2 previous civilizations – the Byzantine and the Sassanid:
Comment placer un dôme circulaire sur une pièce carrée? L'architecture islamique a utilisé deux techniques différentes développées par les Byzantins et les Sassanides :

1 The Byzantine Pendentive: a curved triangle on the inside corner of the square room.
La coupole sur pendentifs : un triangle incurvé sur le coin intérieur de la pièce carrée.

2 The Sassanid Squinch: an arch on the inside corner of the square room.
La coupole sur trompes : une portion voûtée sur le coin intérieur de la pièce carrée.

This exercise lets you build a half-dome model for each type.
Cet exercice te permet de créer un modèle de demi-dôme de chaque type.

1 Transfer or copy the drawing to the right.
Copie le dessin sur une feuille de papier.

2 Fold the dashed lines.
Plie la feuille le long des lignes pointillées.

3 Cut the solid lines.
Coupe le long des lignes continues.

4 Lap the strips.
Rejoins les bouts.

Exercice No. 27 Sur pendentifs ou sur trompes

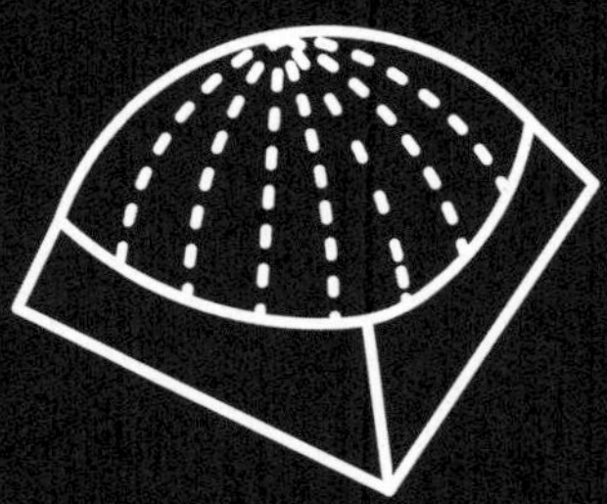

5 Tape the strips together to create half of a dome. Scotche-les ensemble pour créer la moitié d'un dôme.

6 Trim the half dome edge of excess stripes material. Coupe les morceaux de bande qui dépassent.

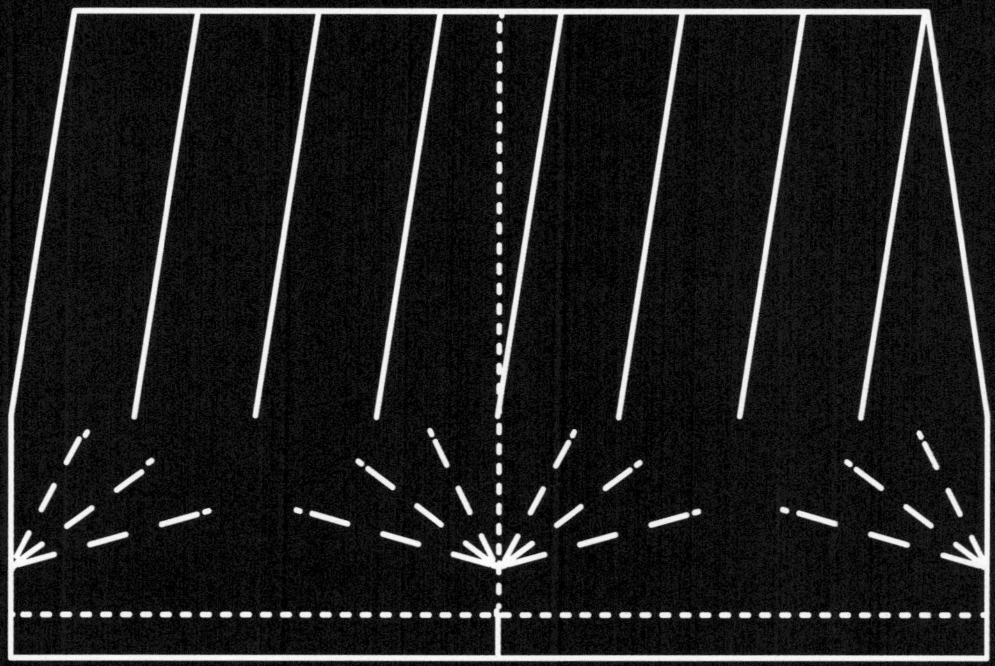

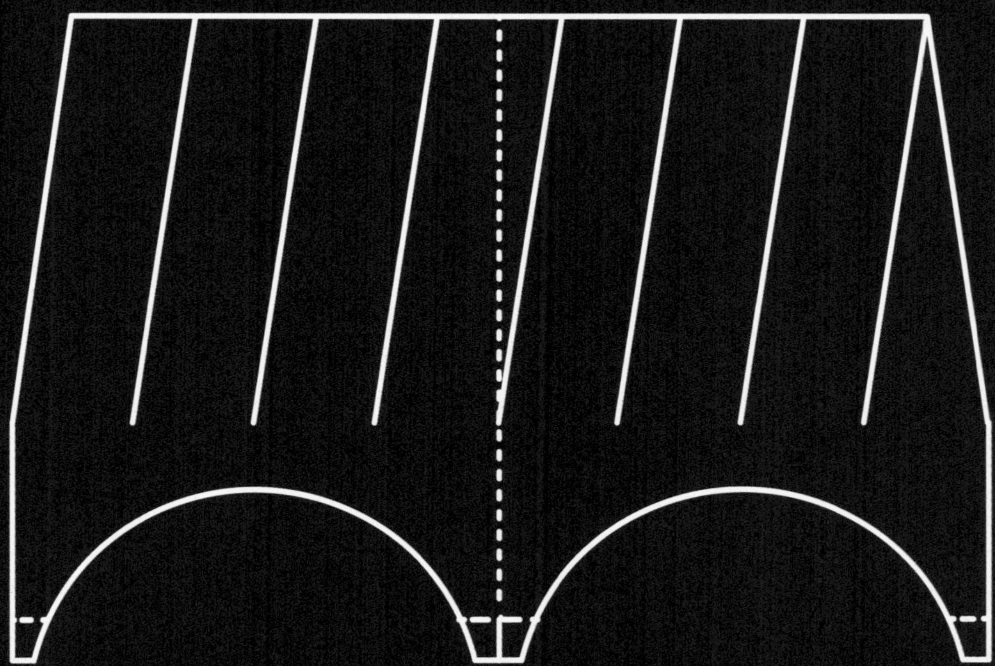

Exercise No. 28 Weaving Practice
Exercice No. 28 Le Tissage

Ingredients: 1 Sheet of Paper, 1 Pair of Scissors, Some Pens or Pencils
Ingrédients: 1 feuille de papier, 1 paire de ciseau des stylos ou des crayons

1 Make colored stripes on both sides of a sheet of paper.
Dessine des bandes de couleur sur les deux côtés d'une feuille de papier.

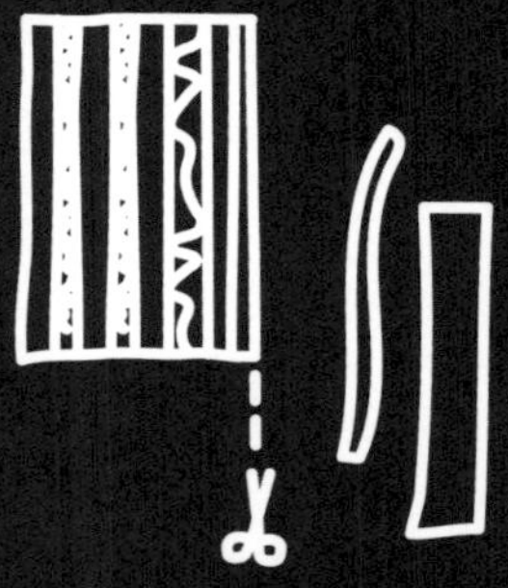

2 Cut the paper into strips of different widths.
Coupe le papier en bandes de différentes largeurs.

3 Weave the strips together and fold in their ends to secure the edges.
Tisse les bandes ensemble et replie les extrémités.

4 Try making a larger connected piece or small and compact piece.
Essaie de créer une grande pièce tissée alors une petite piè très dense.

Exercise No. 29 Shan Shui
Exercice No. 29 Shan Shui

Ingredients: 1 Pair of Scissors, 1 Glue Stick, 1 Sheet of Thick Tracing Paper, 1 Sheet of Bristol
Ingrédients: 1 paire de ciseaux, 1 bâton de colle, 1 feuille de papier calque, 1 feuille de papier Bristol, 1 épingle

1 Cut shapes out of a sheet of tracing paper, from smallest to largest.
Découpe des formes de plus en plus grandes dans une feuille de calque.

2 Stack the pieces from smallest at the bottom to largest at the top to make a pond.
Empile les formes de la plus petite à la plus grande sur le dessus, pour faire un étang.

3 Repeat the previous steps with 1-inch-thick Bristol. Stack the pieces from largest to smallest to make a hill.
Répète l’étape 1 avec la feuille de papier Bristol. Empile les formes de la plus grande à la plus petite, pour faire une colline.

4 Cut shapes out of tracing paper.
Découpe d’autres formes dans le papier calque.

5 Stack the pieces from largest to smallest. Pin them to make a tree.
Empile les formes en ordre croissant.
Épingle-les pour faire un arbre.

6 Make a ground for your hill, pond, and trees.
Crée un terrain pour ta colline, ton étang et tes arbres.

Exercise No. 30 Building, Chair, Vase
Exercice No. 30 Bâtiment, chaise, vase

Ingredients: 1 Pen or Pencil, Some Sheets of Paper
Ingrédients: 1 stylo ou un crayon, quelques feuilles de papier

1 Draw a cube, then make it into a building.
Dessine un cube, puis transforme-le en bâtiment.

2 Draw a cube, then make it into a chair.
Dessine un cube, puis transforme-le en chaise.

3 Draw a cube, and make it into a vase.
Dessine un cube, puis transforme-le en vase.

4 Replace the cube with a cylinder, pyramid, cone, or sphere and repeat Steps 1–3.
Remplace le cube par un cylindre, puis par une pyramide, par un cône ou par une sphère et répète les étapes 1–3.

Exercise No. 31 Found Objects Assemblies

Exercice No. 31 Assemblages d’objets trouvés

Ingredients: 20 Objects, Camera
Ingrédients : 20 objets, 1 appareil photo

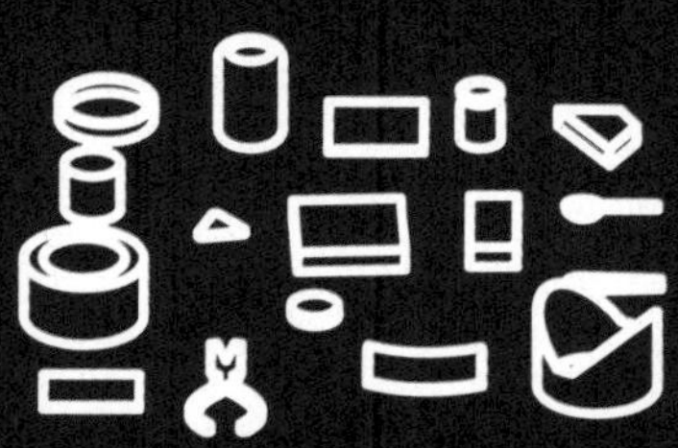

1 Collect 20 different objects. Each should fit in your hand.
Rassemble 20 objets différents. Chacun d’entre eux doit pouvoir tenir dans ta main.

2 Place the objects on a surface and sort them according to size, shape, or color. This is your kit of parts.
Take a photo.
Place tous les objets sur une surface et trie-les selon leur taille, leur forme ou leur couleur. Ce sont tes pièces pour composer de nouvelles choses.
Prends une photo.

3 Build a wall around a space. Take a photo.
Construis un mur autour d’un espace.
Prends une photo.

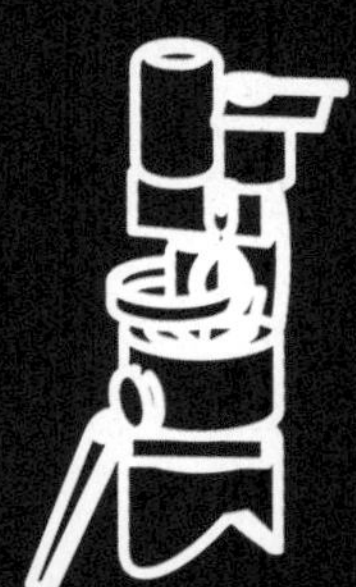

4 Build a tower.
Take a photo.
Construis une tour.
Prends une photo.

5 Build a house.
Take a photo.
Construs une maison.
Prends une photo.

6 Build a bridge.
Take a photo.
Construis un pont.
Prends une photo.

7 Build a village.
Take a photo.
Construis un village.
Prends une photo.

8 Build more things as you like. Take photos.
Construis d’autres choses. Prends des photos.

9 Look at the photos and pick your favorite.
Regarde les photos et choisis ta préférée.

Exercise No. 32 House as Animal as House

Exercice No. 32 La maison comme un animal

Ingredients: 1 Sheet of Paper, Colored Pencils
Ingrédients: 1 feuille de papier, des crayons de couleur

1 Imagine your house as an animal. Which animal would it be? Imagine que ta maison est un animal. De quel animal s'agit-il?

2 Make a drawing of this animal as a house, including a few windows, a door, a chimney, a balcony, or a porch. Dessine cet animal sous la forme d'une maison. Dessine quelques fenêtres, une porte, une cheminée, un balcon ou un porche.

Exercise No. 33 Backward
Exercice No. 33 Au dos

Ingredients: Colored Markers, 1 Sketchpad
Ingrédients: des feutres, 1 carnet de croquis

1 Take a color marker and draw any figure on a white paper sketchpad.
Prends un feutre de couleur et dessine n'importe quelle forme dans un carnet à pages blanches.

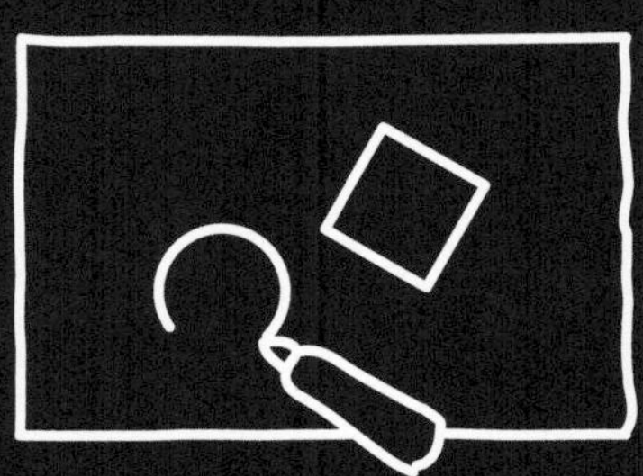

2 Go to the reverse of the page and complete the traces of the marker, plus another figure.
Tourne la page et complète les traces de feutre. Ajoute une nouvelle forme.

3 Turn to the next page and complete the traces of the previous figures, plus another one.
Passe à la page suivante et complète les traces des formes précédentes. Ajoute une nouvelle forme.

4 Continue to add figures until there are no more pages on the sketchpad!
Continue à ajouter des formes jusqu'à ce qu'il n'y ait plus de pages dans le carnet!

Exercise No. 34 Marshmallow Tower
Exercice No. 34 Tour de guimauves

Ingredients: 1 Box of Spaghetti, Marshmallows
Ingrédients: 1 boîte de spaghettis, des guimauves

Build a tower as high as you can using marshmallows and uncooked spaghetti.
Construis une tour aussi haute que possible en utilisant uniquement des guimauves et des spaghettis crus.

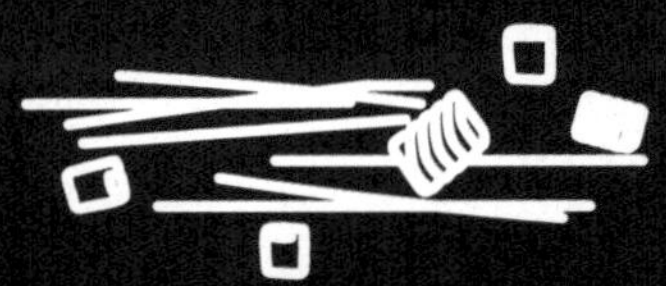

1 Gather spaghettis and a few marshmallows.
Rassemble des spaghettis et quelques guimauves.

2 Stick uncooked pasta in the marshmallows.
Enfonce des spaghettis crus dans les guimauves.

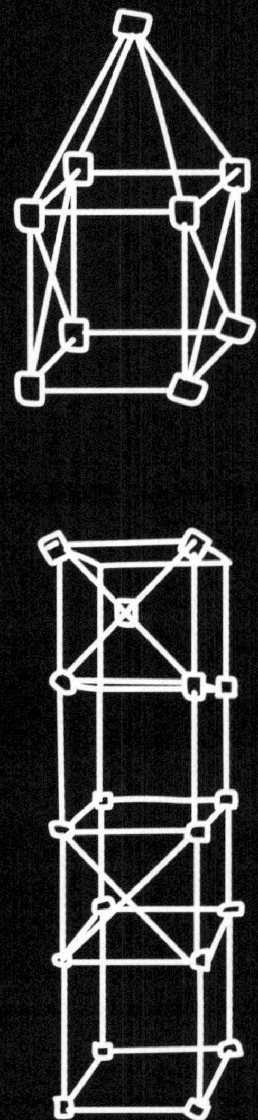

3 Build a tower as high as you can using marshmallows and uncooked spaghetti.
Essaie de construire une tour aussi haute que possible en empilant petit à petit les guimauves et les spaghettis.

Exercise No. 35 Design a Bed for Sleeping Beauty

Exercice No. 35 Le lit de la Belle au bois dormant

Ingredients: Whatever You Like
Ingrédients: Tout ce qu'il te faut

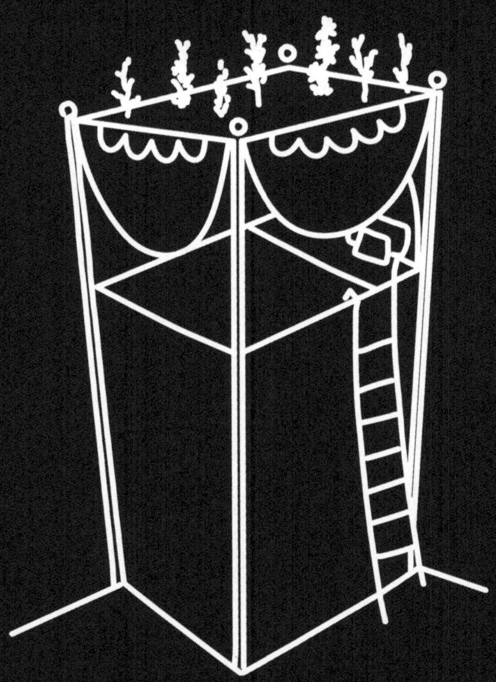

1 The bed must be solid, as it must last for 100 years.
Le lit doit être solide car il doit pouvoir servir pendant 100 ans.

2 It must include at least 30 mattresses.
Il doit avoir au moins 30 matelas.

3 It must have a baldachin and allow vegetation to grow on top of it for 100 years.
Il doit avoir un baldaquin et doit pouvoir permettre à des plantes d'y pousser pendant 100 ans.

4 It must include a ladder for the Prince to reach Sleeping Beauty.
Il doit y avoir une petite échelle pour que le Prince puisse atteindre la Belle au bois dormant.

5 The bed's sheets and blankets are blue.
Les draps et les couvertures sont bleus.

 Pier Paolo Tamburelli

Exercise No. 36 Forms in Light and Shade

Exercice No. 36 Former des ombres

Ingredients: 1 Sheet of Paper, 1 Wall, 1 Sunny Day
Ingrédients: 1 feuille de papier, 1 mur, 1 journée ensoleillée

1 Wrinkle a sheet of paper.
Froisse une feuille de papier.

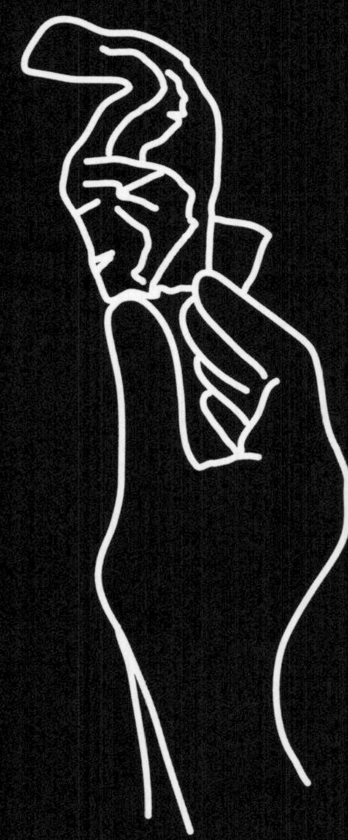

2 Find a place where the sun hits the wall and hold up the paper. Look at the shadow.
Trouve un endroit où le soleil éclaire un mur et tiens le papier devant. Observe l'ombre.

3 Slowly turn the paper around... What do you see? Use your imagination!
Fais tourner lentement le papier... Que vois-tu? Utilise ton imagination!

Exercise No. 37 A Structure for Toys
Exercice No. 37 Une structure pour jouets

Ingredients: 1 Sheet of Paper, 1 Small Toy
Ingrédients: 1 feuille de papier, 1 petit jouet

1 Place a sheet of paper on a sturdy flat surface.
Place une feuille de papier sur une surface plane et solide.

2 Fold part of the paper. Flip the paper over and fold it again.
Replie une partie de la feuille. Retourne le papier puis replie-le à nouveau.

3 Flip the paper again. Continue folding and flipping until the paper is completely folded.
Retourne à nouveau le papier. Continue à plier et à retourner la feuille de papier jusqu'à ce qu'elle soit complètement pliée.

4 Place a small toy on the paper and lift up the folded paper. It should hold the toy aloft.
Place un petit jouet sur le papier et soulève la feuille pliée. Le papier plié doit pouvoir supporter le jouet.

Ingredients: 2–3 Sheets of Paper, 1 Pair of Scissors, 3–10 Leaves, Glue or Stapler
Ingrédients: 2–3 feuilles de papier, 1 paire de ciseaux, 3–10 feuilles, de la colle ou une agrafeuse

1 Collect 3–10 leaves of any size, shape, or color.
Récolte 3–10 feuilles de n'importe quelle taille, forme ou couleur.

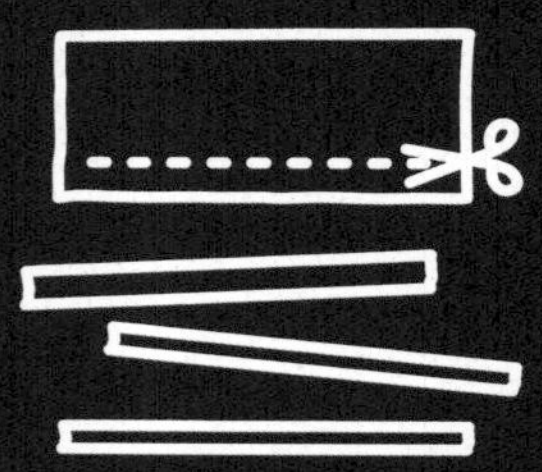

2 Cut 1 sheet of paper into strips along the longer side. The strips can be any width.
Coupe 1 des feuilles de papier en bandes, dans le sens de la longueur. Les bandes peuvent être de n'importe quelle épaisseur.

3 Lay one of your leaves on a flat surface.
Pose une de tes feuilles à plat.

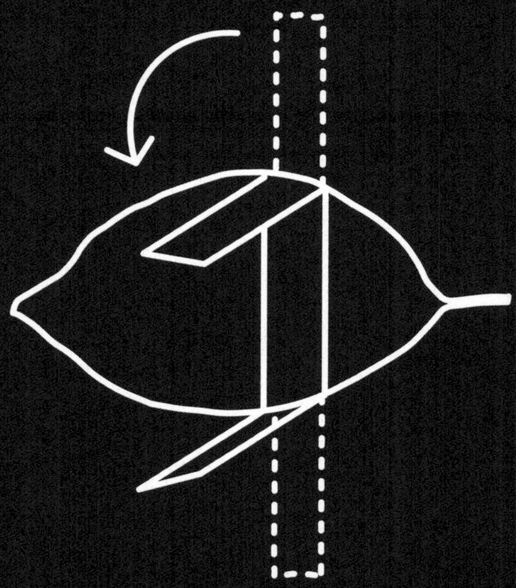

4 Taking one of the strips of paper, start at one end of the leaf and fold it along the leaf's inside edge. Using the other paper strips, repeat this step all the way around the leaf.

En prenant une des bandes de papier, commence à une extrémité de la feuille et plie la bande le long du bord intérieur de la feuille. Avec les autres bandes de papier, répète cette étape pour faire tout le tour de la feuille.

5 Flip the leaf and strip of paper over so the leaf rests on top. You now have a house with a leaf roof!
Retourne la feuille et la bande de papier pour que la feuille soit sur le dessus. Tu as maintenant une maison avec un toit en feuille.

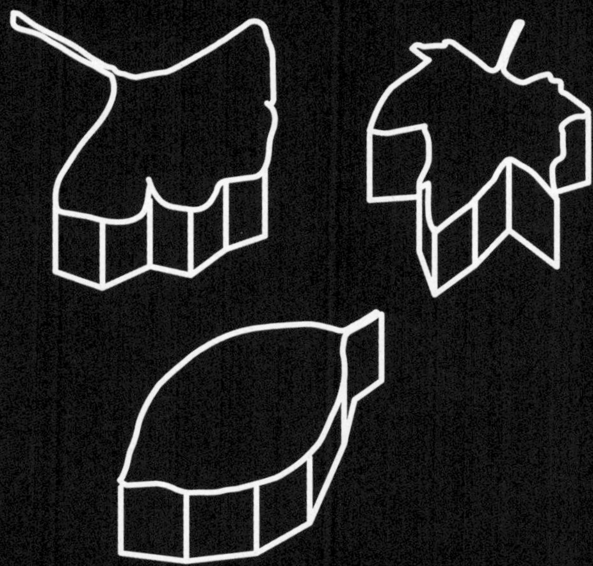

6 Repeat Steps 1–5. This can be the house next door. If you continue with all your collected leaves, you can make an entire neighborhood.
Répète les étapes 1–5. C'est la maison voisine. Si tu fais la même chose avec toutes les feuilles, tu peux créer tout un quartier.

Exercise No. 39 Crazy Little Houses

Ingredients: Some Sheets of Paper, 1 Pair of Scissors, Some Pens or Pencils
Ingrédients: Quelques feuilles de papier, 1 paire de ciseaux, des stylos ou des crayons

1 Take a piece of paper.
Prends une feuille de papier.

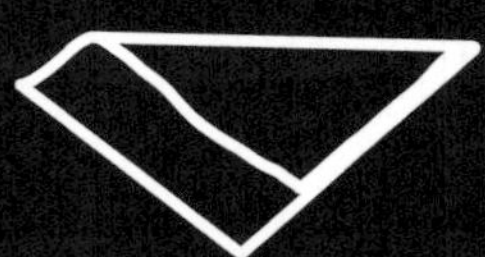

2 Fold one short edge diagonally until it meets the long edge.
Rabats un des petits côtés en diagonale jusqu'à ce qu'il rencontre un des bords longs.

3 Cut the paper into a square and open it back up.
Coupe le papier pour obtenir un carré, puis ouvre la feuille.

4 Fold the paper in half, then fold the edges in half again toward the center.
Plie le papier en deux, puis plie les bords en deux vers le centre.

5 Turn the paper 90 degrees and repeat.
Tourne le papier à 90° et replie.

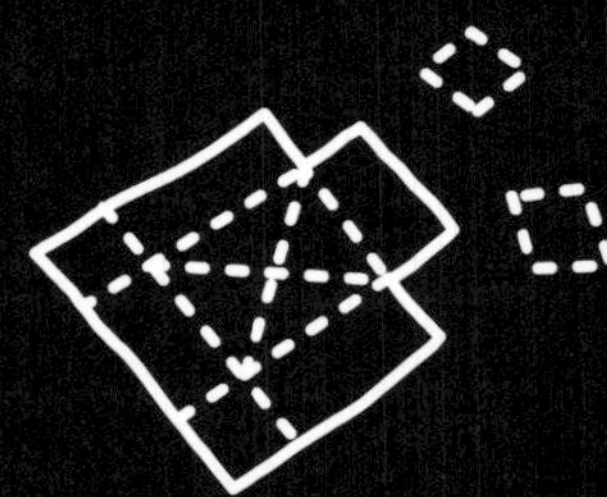

6 Cut the square corners out. It looks like a plus sign.
Découpe les coins. On dirait un signe plus.

7 Draw crazy doors and windows along the edges of the paper.
Dessine des portes et des fenêtres bizarres le long des bords du papier.

8 Add some color, if you like.
Si tu veux, ajoute de la couleur.

9 Cut out some of the doors, or all of the doors and maybe a window or 2.
Découpe certaines des portes, ou alors toutes les portes. Découpe aussi une ou deux fenêtres.

10 Fold the sides in to make walls.
Replie les côtés pour qu'ils forment des murs.

11 Stand it up. It's a house.
Redresse le tout. C'est une maison.

12 Stack the houses to form an apartment building. Stack the apartment buildings to form skyscrapers.
Empile des maisons pour créer un immeuble. Empile des immeubles pour créer un gratte-ciel.

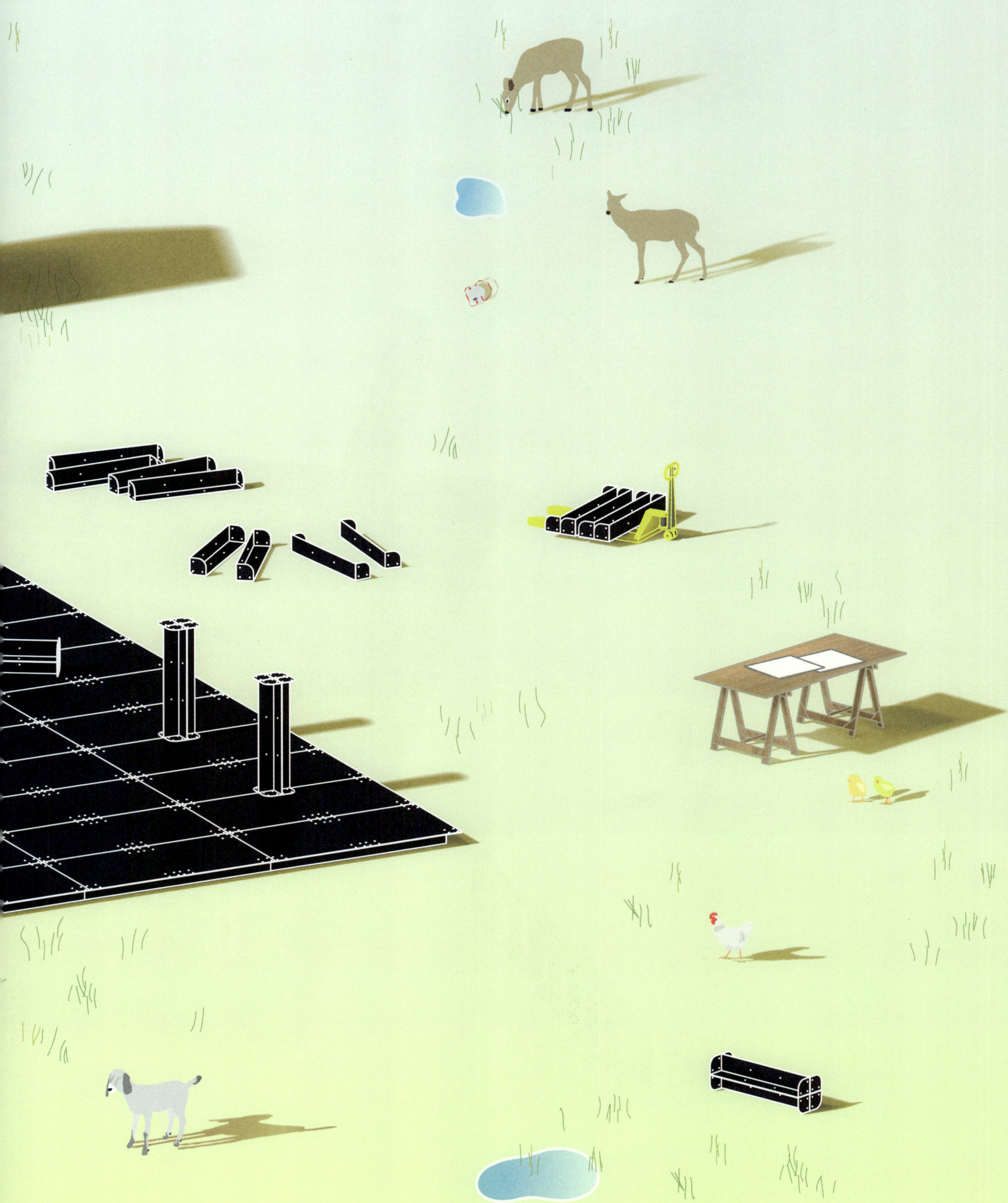

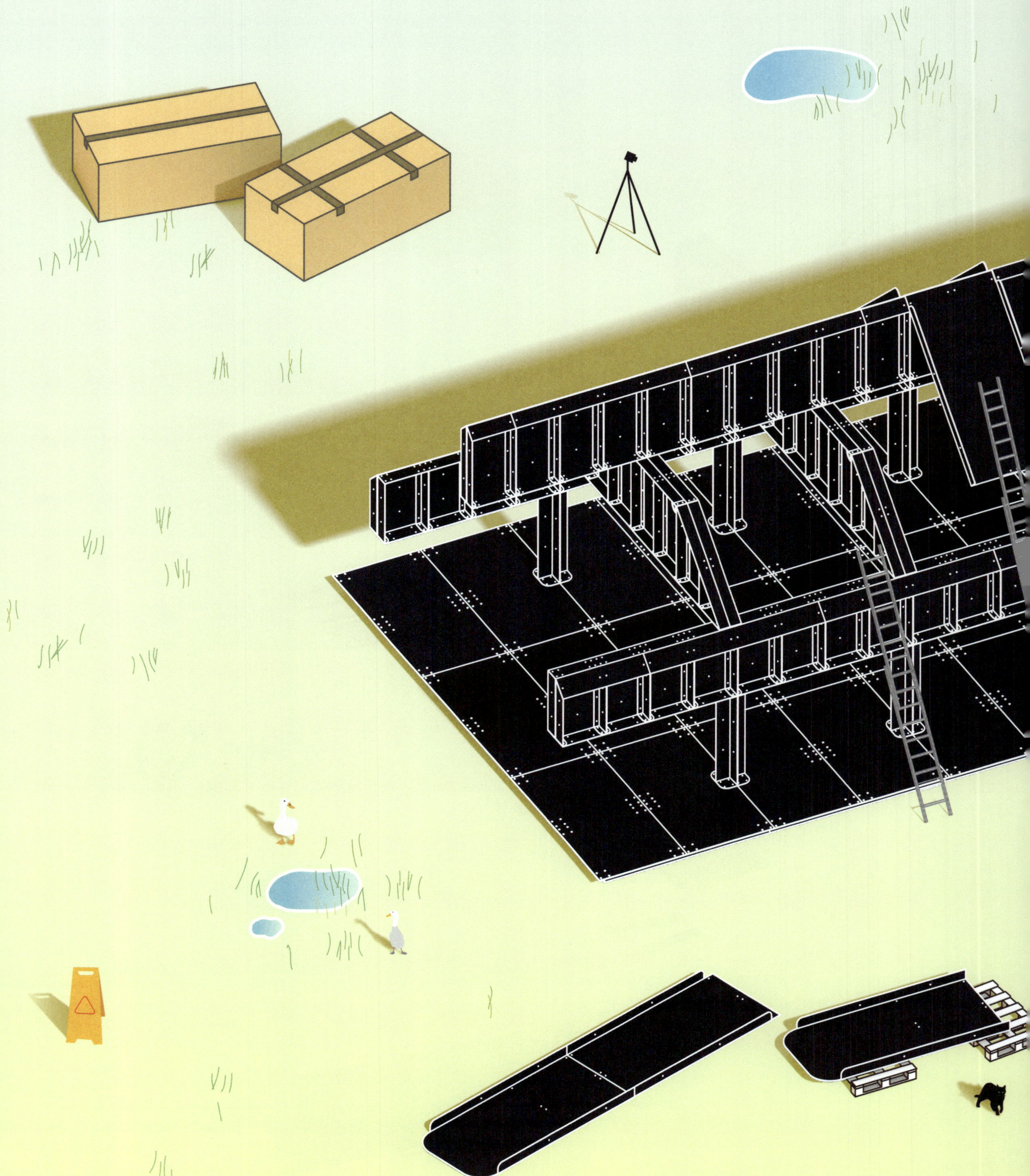

Peti

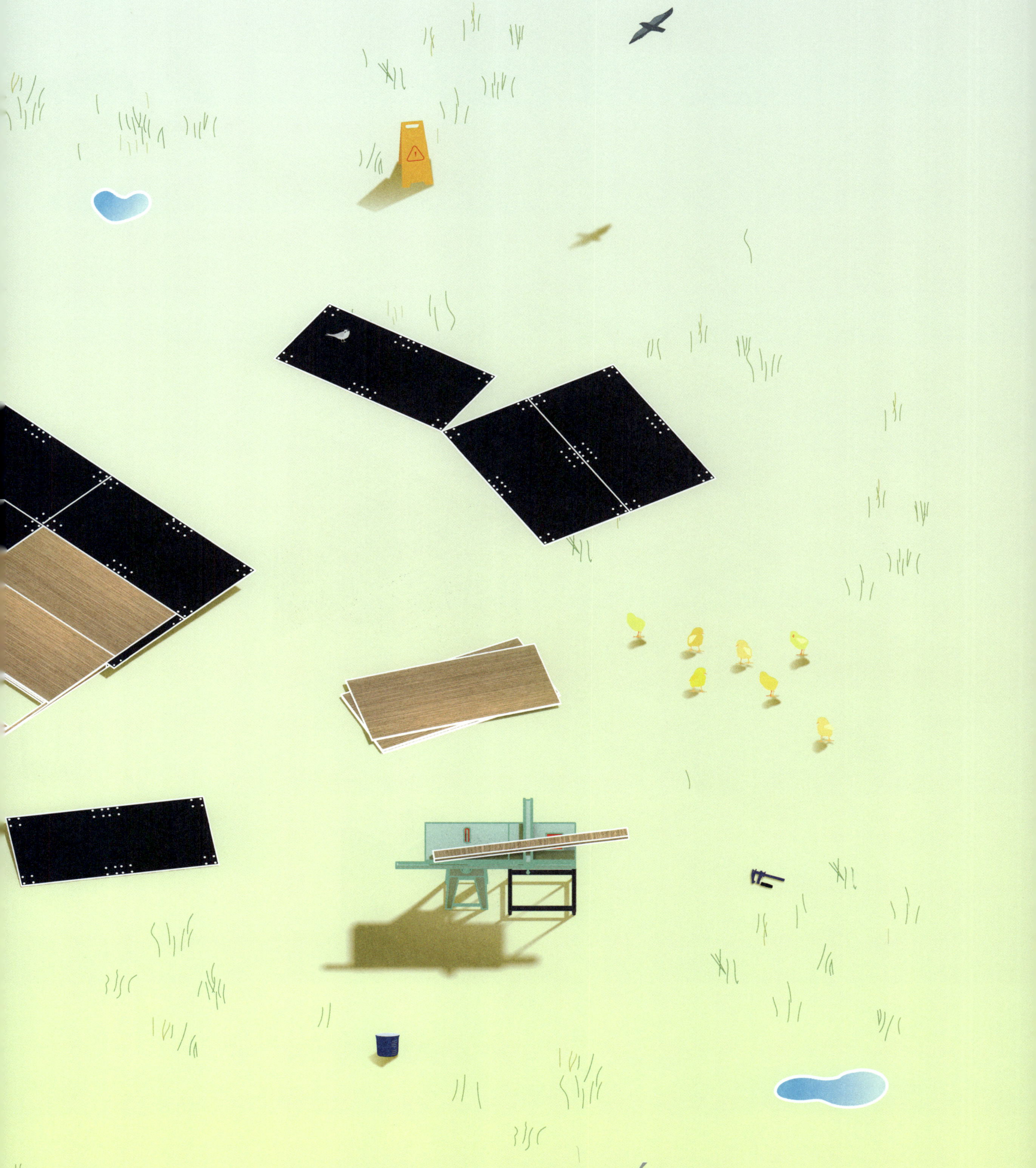

Petite

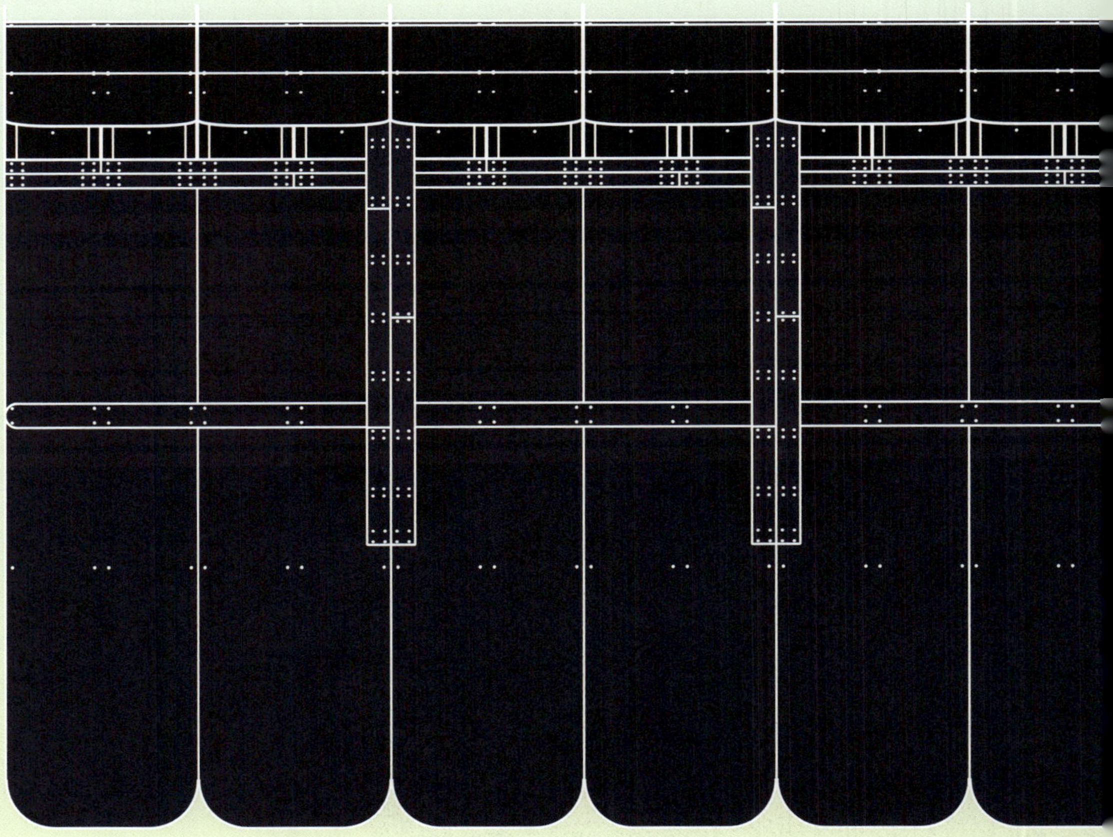

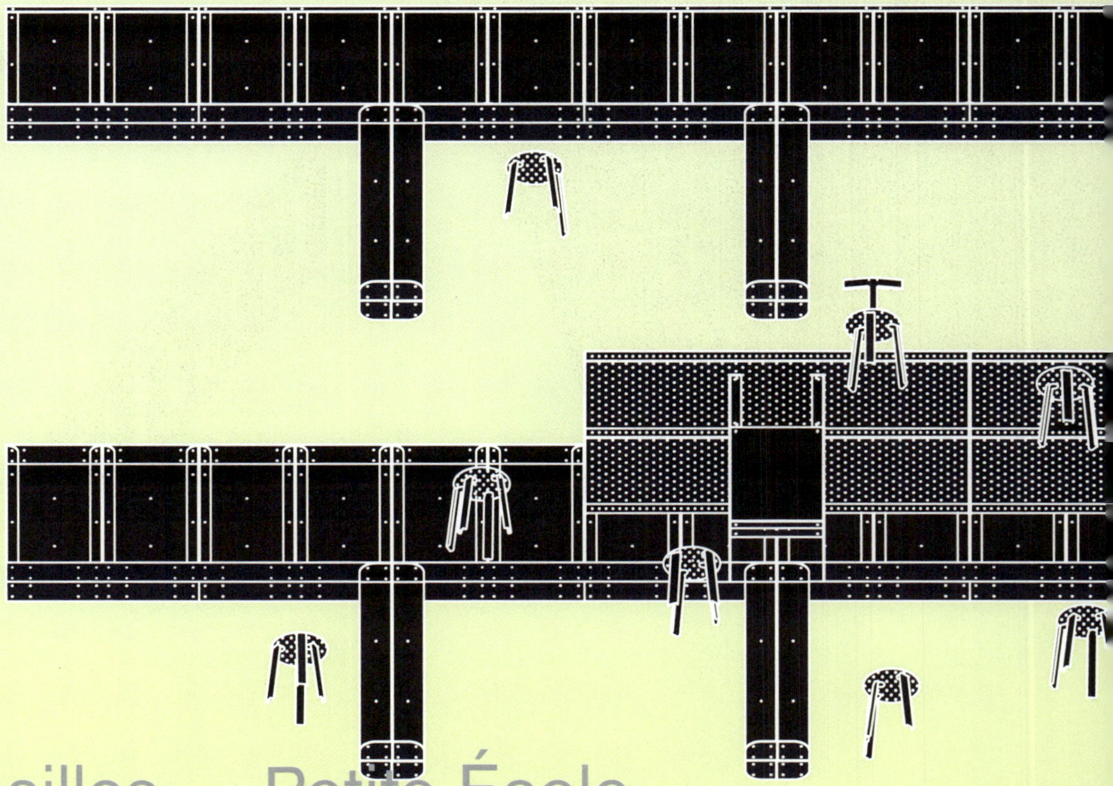

École

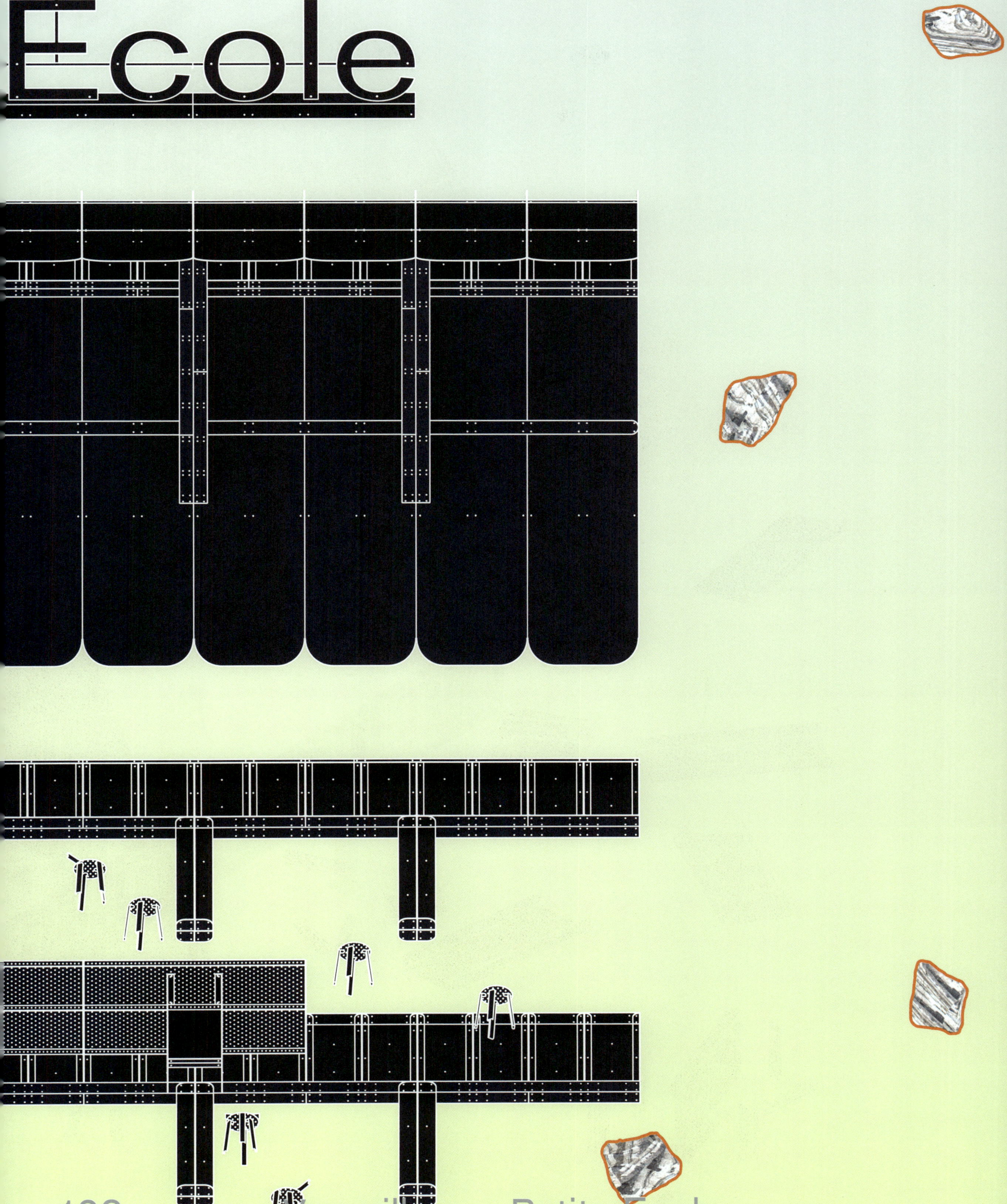

Peti

École

128 Versailles Petite École

129 Versailles Petite École

131 Versailles Petite École

133 Versailles Petite École

136 Versailles Petite École

137 Versailles Petite École

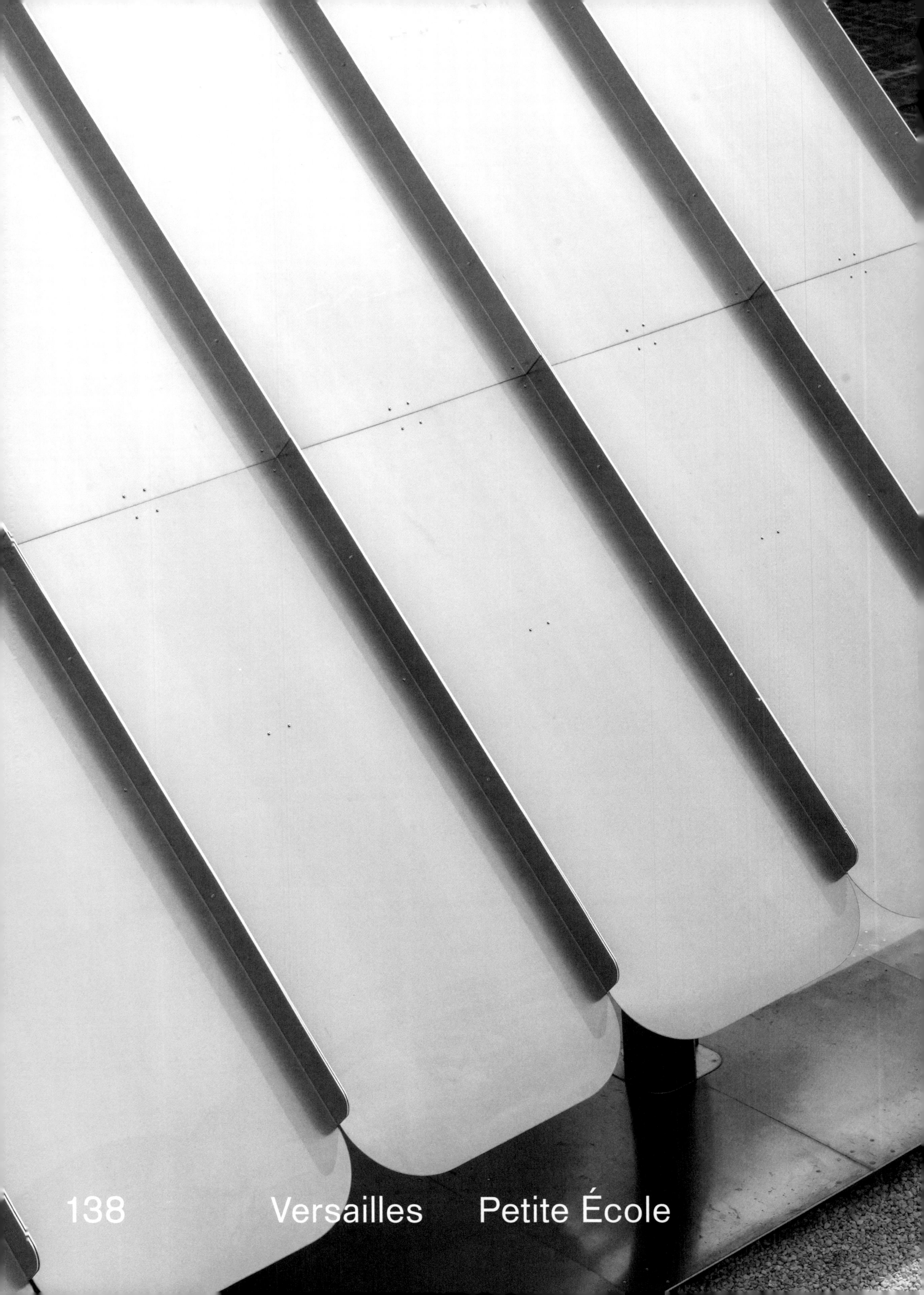

138 Versailles Petite École

140
Versailles
Petite École

 Versailles Petite École

Petite École

143 Versailles Petite École

144 Versailles Petite École

145
Versailles
Petite École

146 Versailles Petite École

147 Versailles Petite École

152 Versailles Petite École